Gustaf Kossinna

Altgermanische Kulturhöhe

Eine Einführung in die deutsche Vor- und Frühgeschichte

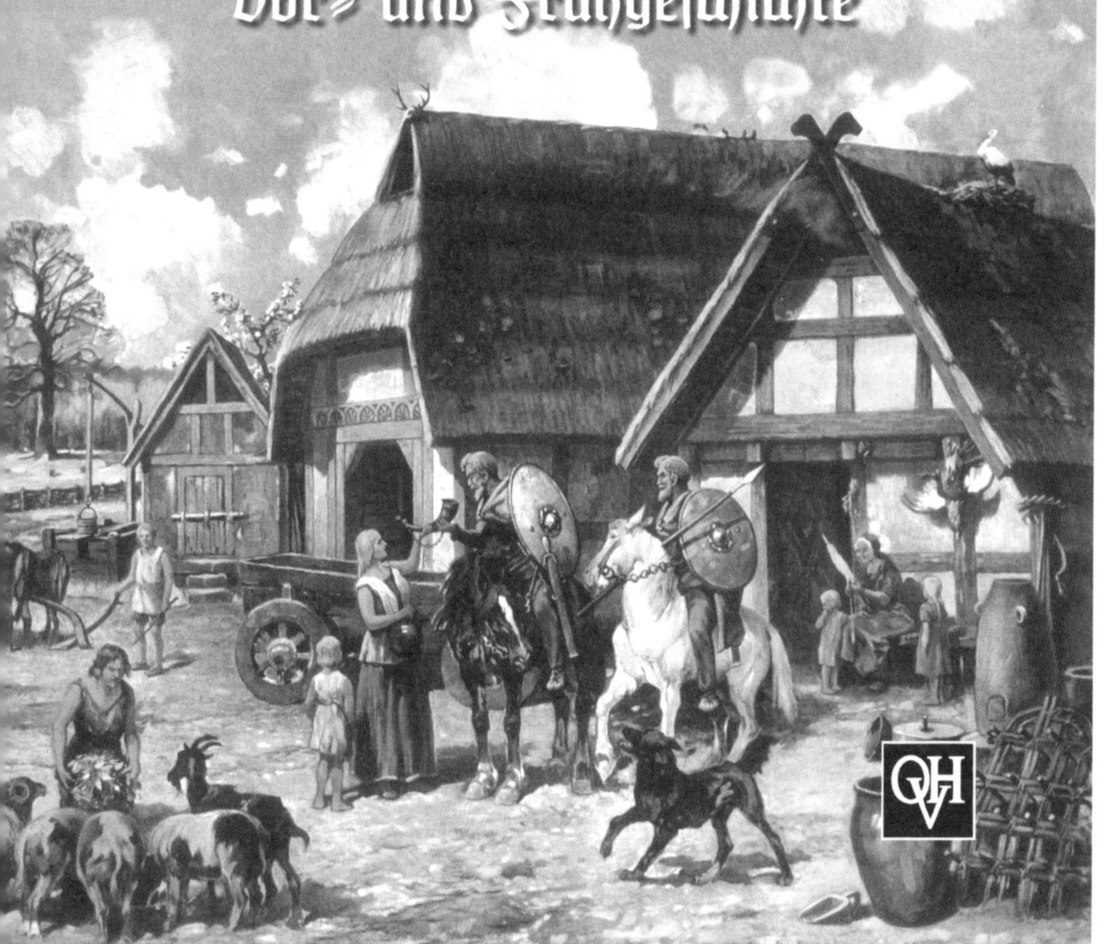

Titelseitengestaltung unter Verwendung des Gemäldes „Germanisches Gehöft um die Zeitenwende" (ca. 1936, Maler unbekannt).

Bibliographische Information der Deutschen Bibliothek
Die Deutsche Bibliothek verzeichnet diese Publikation in der Deutschen Nationalbibliographie; detaillierte bibliographische Daten sind im Internet unter http://dnb.ddb.de abrufbar.

ISBN 978-3-89093-032-9

Orion-Heimreiter-Verlag
Postfach 3667, D-24035 Kiel

Gedruckt in Österreich

Vorwort

Gegen Oſtern 1917 hielt ich zu Nordhauſen a. Harz vor einer außergewöhnlich zahlreichen Zuhörerſchaft einen ſehr ausgedehnten „Kriegsvortrag" über Altgermaniſche Kulturhöhe. Ich habe den Vortrag, wie es meine Gewohnheit iſt, niemals wiederholt, wurde aber bald von einem mir unbekannten Herrn Paul Hartig in Jena, damals Herausgeber und Verleger einer Zeitſchrift „Die Nornen", unablāſſig beſtürmt, den Vortrag als Beitrag für ſeine Zeitſchrift zu liefern. Als nun mein Geſundheitszuſtand infolge des Kriegselends ſchließlich eine ſo ſchlimme Wendung nahm, daß ich mein Ende nahe glaubte und daher befürchten mußte, daß der Nordhäuſer Vortrag ebenſo wie die vielen ſonſt von mir gehaltenen Vorträge in der Schublade ein ſtilles Ende finden würde, entſchloß ich mich 1918, ihn den „Nornen" zur Veröffentlichung zu übergeben. Hartig hat ihn dann nicht nur im 2. und 3. Heft des Jahrganges 1918 der „Nornen" veröffentlicht, ſondern auch widerrechtlich als Sonderdruck vertrieben; ja er hat 1919 ſogar einen in kleinerem Format gehaltenen Neudruck herſtellen laſſen. Zwar war auch dieſer Neudruck bald vergriffen, iſt aber doch manchem Fachmann und vielen urteilsfähigen Freunden deutſcher Vorgeſchichte in die Hand gekommen. Und von dieſer Seite her bin ich nun ſchon viele Jahre lang immer von neuem gebeten worden, ſelbſt einen angemeſſenen Neudruck in den regelrechten Buchhandel zu bringen, da der Vortrag ſich wie keine zweite volkstümliche Schrift zur Werbung neuer Freunde unserer Vorgeschichte eignen würde. Diesem Wunsche bin ich nun endlich nachgekommen. Der Vortrag erscheint in neuem Gewande, aber auch mit stark verändertem Inhalt, indem die nur aus der Kriegsstimmung des Jahres 1917 hervorgegangenen und jetzt weniger geeigneten Abschnitte fortgelassen sind und dafür andere, wie besonders die über den Kunststil der Völkerwanderungszeit und den Schiffsbau, einige Erweiterung erfahren haben.

Möge die kleine Schrift nun die von den Freunden des Vortrags erwartete günstige Wirkung ausüben zum Besten unserer herrlichen deutschen Vorgeschichte.

Berlin, im September 1927.   G. K.

Vorwort zur 5. Auflage.

Dem Wunsche des Verlages folgend, hatte ich die 4. Auflage mit Bildern versehen. Ich habe diese Aufgabe gern übernommen, um dadurch meiner Dankbarkeit gegen meinen verstorbenen Lehrer Ausdruck zu geben. Die neue Gestalt des Buches hat so starken Anklang gefunden, daß nach einem knappen Jahr ein Neudruck nötig wird. Bei der 5. Auflage kann ich die Tafeln um 4 auf 12 Seiten erweitern.

Daß Kossinna selbst die Bebilderung nicht mehr vornehmen konnte, vor allen Dingen, daß er die Selbstbesinnung auf die eigene Vergangenheit und Vorzeit, für die er einer der treuesten Kämpfer war, nicht mehr miterleben konnte, empfinden alle, die ihm nahegestanden haben, als besonders tragische Fügung.

Berlin, im April 1935.   Jörg Lechler.

Einleitung

Es gibt in heutigen Zeitläuften niemand unter uns Deutschen — mag nun sein Tun und Streben in den Niederungen des Alltagsgetriebes sich bewegen oder sein Denken auf den Höhen idealer Weltbetrachtung wandeln —, in dessen Leben nicht der Weltkrieg, der ungeheure Kampf um mißgönnte Weltbetätigung, ja um Dasein, den deutsches Volkstum vier Jahre lang zu bestehen hatte und in veränderter Gestalt nun schon so viele weitere Jahre zu bestehen hat, stärkste Spuren gegraben hätte.

In dieser Lage befinden wir uns auch bei dem von der Gegenwart scheinbar so weit abliegenden Gegenstande, der uns hier beschäftigen soll. Ja gerade die Betrachtung der Zustände und Vorgänge, wie sie die Frühgeschichte der Germanen, insonderheit auch die Zeit der germanischen Völkerwanderung uns kennen lehrt, lenkt mit Notwendigkeit unsere Blicke auf die Gegenwart, auf Erscheinungen im europäischen Völkerleben, wie wir sie in den Kriegs= und Nachkriegsjahren kennenlernen mußten.

Mit unerhörten Greueltaten haben alle unsere Feinde vom Beginne des Krieges an uns in sprachloses Staunen gesetzt. Aber wenige dieser Meintaten zeigten so offen den sittlichen Tiefstand der Feinde bis in ihre höchsten Gesellschaftskreise, wie jener schon ein Jahrzehnt vor dem Kriege von ihren Regierun=

gen in der Preſſe der ganzen Welt begonnene und im Kriege noch unendlich geſteigerte **Verleumdungs= feldzug gegen das Deutſchtum.** Keine Ge= legenheit wurde vorbeigelaſſen, ohne das deutſche Volk vor der Welt verächtlich zu machen als einen **bar= bariſchen,** kulturfeindlichen, Europas unwürdigen Stamm, der am beſten mit Stumpf und Stiel ſchnell= ſtens auszurotten wäre.

Wir kennen genugſam die politiſchen Schlagworte, die der Welt **unſere Minderwertigkeit** be= weiſen ſollten, die aber wie alle ſolche Schlagworte der Politik, nichts weiter ſind als ſchlau berechnete Umwertungen an ſich vortrefflicher Dinge, die dem Gegner aber ſo gefährlich erſcheinen, daß er ſie auf jede Weiſe ſchädigen und womöglich beſeitigen möchte. Durch beſtändige Wiederholung gewinnen ſolche Schlagworte, die man ganz richtig als „Fetiſchworte“ bezeichnet hat, eine geradezu ſuggeſtive Wirkung auf den Geiſt der großen Maſſen, die ſelbſt bei den geiſtig höchſtſtehenden Völkern an ſelbſtändiges Denken nicht gewöhnt, weil nicht dazu befähigt ſind.

Ich denke hier zum Beiſpiel an das aberwitzige Schimpfwort „Barbaren“, deſſen blöde Wieder= holung im Munde von Ruſſen und gar farbigen Franzoſen mehr Heiterkeit als Ingrimm bei uns auslöſen konnte.

*

I. Verkennung unserer kulturell hochstehenden Vergangenheit bei uns selbst
Hoheit germanischen Wesens
Germanen waren niemals Kulturvernichter

Wurde nicht bei uns von Kind auf in Schule wie im späteren Leben die Vorstellung großgezogen, unsere Vergangenheit, zumal unser Altertum wäre eine Zeit kulturloser Wildheit gewesen, mit der uns keinerlei innerer Zusammenhang mehr verknüpfe? Und wollte nicht die geltende Lehre, daß erst die Zeit des fünfzehnten Jahrhunderts, Humanismus und Renaissance, die zwar späte, aber im Grunde einzige bedeutungsvolle Quelle unserer heutigen deutschen Kultur sei? und weiter, wer kennt nicht das verwerfliche politische Schlagwort vom finsteren barbarischen Mittelalter? von jenem Mittelalter, dessen farbenfreudiges Ritterleben unser Herz und unsere Sinne stets gefangennimmt, wenn es uns auf der Bühne, in historischen Festzügen oder Dichtungen nahegebracht wird; dessen unvergängliche Kunstleistungen baulicher Art unseren Bergspitzen noch heute wunderbaren Zauber leihen, und nicht minder unseren alten Städten, wo hehre Zeugen bürgerlichen Kunst- und Opfersinnes, wie Dome, Rathäuser, Artushöfe, Tuchhallen unsere Bewunderung erregen und fast mehr noch jene Fülle wundervoller Stadtbilder, malerischer Straßenzüge, Plätze und Brunnen uns entzückt, die eingeborenes Kunstgefühl ohne Hilfe oder Eingriffe eines reglementierenden Stadtbaumeisters geschaffen hat; — von jenem Mittelalter endlich, dessen undankbar vergessene D i c h t u n g vor hundert Jahren erst aus langem Schlummer wieder erweckt werden mußte und nun wie ein auferstandenes Dornröschen den vollen farbigen Glanz und die ganze Lieblichkeit, die ihr innewohnen, in ungeschwächter Kraft und Frische von neuem wirken ließ?

Und wie wenig bekannt ist noch jene neuere Errungenschaft deutscher Kunstwissenschaft, daß in unserer S p ä t g o t i k um 1400 bis 1500 der höchste Gipfel echt deutschen Kunstschaffens überhaupt, und zwar auf a l l e n Gebieten der bildenden Kunst, erreicht worden ist. Ich nenne hier nur den größten deutschen M a l e r aller Zeiten Matthias Grünewald.

Zu dieser Spätgotik gehört auch unsere d e u t s c h e B r u c h s c h r i f t, deren dekorative, malerisch bewegte, leise phantastische Art so recht ein Ausfluß unserer künstlerischen Begabung ist.

Und die G o t i k überhaupt mit ihrer kraftvollen hochstrebenden Liniensprache im Gegensatz zu spätantiker, italienischer und französischer Eleganz, und andererseits mit ihrer dekorativen Schmuckfrohheit, war nichts weniger als eine französische Erfindung — französisch im heutigen Sinne verstanden —, sondern eine kräftige Äußerung der noch vollkommen ungebrochenen altgermanischen Art jener Altfranken, die als erobernde Herrenschicht in Nordfrankreich, insonderheit im französischen und belgischen Flandern saßen: genau dieselbe Erscheinung wie später bei der durch die Nachkommen der Langobarden geschaffenen italienischen Renaissance.

Gerade weil die Gotik in ihrem Wesen so urnordisch war, wurde sie von fremden Völkern gehaßt und „barbarisch" gescholten.

Und wie die Italiener der Renaissance dem edlen hochbegabten Gotenstamme den Makel wilder Barbarei anheften wollten, so machten es die Franzosen mit einem anderen Germanenstamme. Sie sind es gewesen, die den nicht minder edlen Wandalen in lügenhafter Geschichtsfälschung jenes Brandmal aufzudrücken suchten, das seitdem unter dem Ausdruck „Wandalismus" durch die Welt geht: ein Wort, dem wir auch bei gedankenlosen deutschen Schriftstellern, namentlich in den Zeitungen selbst heute noch leider oft genug begegnen. Und so zu sprechen unterfingen sich dieselben Franzosen, die während des siebzehnten Jahrhunderts im ganzen deutschen Rheinlande bis nach Holland hinab, besonders aber in der herrlichen Pfalz unter Führung des Mordbrenners Melac jene barbarischen Schandtaten verübt hatten, die durch die Namen „Heidelberg" (Schloß), „Speyer" (Dom mit den Kaisergräbern), „Worms" hinreichend angedeutet, stets in schmerzlichster Erinnerung bei uns bleiben werden, zumal sie hundert Jahre später wiederholt wurden von den napoleonischen Heeren, die an denselben für uns heiligen Stätten hehre Kunstdenkmäler nicht nur zerstörten, sondern geradezu schänden wollten. Blindwütige, sinnlos rohe Zerstörung von Kirchen und Kunstdenkmälern — das soll das Wort Wandalismus oder bei den Engländern Gotismus („Gothism") besagen — hat stets himmelweit abgelegen von germanischer wie von deutscher Art.

Starke Innerlichkeit, Drang in die Tiefe, Zug nach dem Unendlichen, oft gesteigert bis zum Hang zur Mystik: das sind und das waren echteste Züge germanischen Wesens. Dazu kommt die von den römischen Zeitgenossen der germanischen Eroberungen Roms gerühmte, ja angestaunte Milde der Germanen gegen ihre Feinde, mit denen sie sich am liebsten auf gütlichem Wege verständigten. Solche geistige Eigenart, Ritterlichkeit im edelsten Sinne des Wortes, machte es den Germanen unmöglich, sich an Dingen zu vergreifen, die ihren Mitmenschen, und mochten es die schlimmsten Feinde sein, verehrungswürdige Heiligtümer waren.

Römische Art dagegen war es stets, bei Rachefeldzügen gegen gefährliche Feinde, gegen unbotmäßige Unterworfene nicht nur die Bevölkerung teils gewaltsam zu verpflanzen, teils völlig auszurotten, sondern auch ihre Heiligtümer zu schänden oder zu zerstören. Als der kaiserliche Feldherr Germanicus im Jahre 14 nach Chr. vom Niederrhein aus seine Rachekriege gegen die Sieger der Varusschlacht beginnt, zerstört er in heiliger Festzeit bei Nacht zuerst das westgermanische Heiligtum der „Tamfana" im Marsenlande. Man denke weiter an die grausigen Zerstörungen des spanischen Numantia, Karthagos, Jerusalems, vor allem auch Korinths, wo alles, was die Römer an Kunstwerken nicht fortschleppen konnten, der Vernichtung anheimfiel. Roms Herrlichkeiten jedoch sind erwiesenermaßen weder von den Westgoten Alarichs noch von den Wandalen Geiserichs angetastet worden; zerstört wurden sie erst von den verarmten und entarteten Römern der Spätzeit selbst, die aus den Kunstbauten Steinbrüche machten, um teils die Festungsmauern, teils — und dies hauptsächlich — ihre Wohnhäuser zu erneuern. Erst der große Ostgotenkönig Theoderik schritt gegen solche Barbarei ein. Aber nach dem Untergange der Goten in Italien fand sich dort niemand mehr, der altrömisches Kunsterbe gegen neurömische Barbarei hätte schützen können. Der allerfrüheste bekannte Fall solchen römischen Kunstfrevels, verübt von Römern innerhalb Roms selbst, spielt schon gleich nach Neros, des Verbrenners von Rom, Tode im Dreikaiserjahre 69 n. Chr. Da verschanzte sich der Bruder des Kaisers Vespasian gegen den auf Rom anrückenden Gegenkaiser Vitellius durch Barrikaden von Bildsäulen, wahrscheinlich also griechischen Kunstwerken. Und das nennt der berühmte Geschichtsschreiber der Stadt Rom im Mittelalter, der Ehrenbürger der Ewigen Stadt, Ferdinand Gregorovius, das erste Beispiel des „Wandalismus"! Echt deutsch, jedenfalls echt „klassisch".

Und in neuerer Zeit hat den gleichen Kunstfrevel kein Volk auch nur annähernd in dem Maße verübt, wie gerade die Franzosen, die Erfinder des Wortes „Wandalismus". Das Wüten der französischen Revolution gegen die Stätten von Religion und Wissenschaft, wie Gemäldesammlungen, Bibliotheken, Denkmäler und Kirchen, war es gerade, was das Wort Wandalismus von Frankreich aus über die Welt verbreitete. Unser Freiheitsdichter Schiller wandte sich schaudernd ab von dem zerstörungswütigen Kulturfrevel in Frankreich und geißelte ihn wieder-

13

holt. Dabei fällt auch der neu von einem südfranzösi=
schen hohen Geistlichen in Umlauf gesetzte Ausdruck
„Wandalismus". In einem Gedicht über den in Paris
aus der ganzen Welt zusammengeschleppten Kunst=
raub sagt Schiller: „Der allein besitzt die Mu=
sen, der sie trägt in seinem Busen; dem
Wandalen sind sie Stein."

*

2. Germanischer Kunststil der Völkerwanderungszeit

Goten und Wandalen, Langobarden, Burgunden und Franken haben vermöge ihrer überlegenen leiblichen, geistigen und sittlichen Kräfte teils aus eigenem Erbe, teils aus den Trümmern der römischen Weltzivilisation, soweit diese sich noch in den Händen der entarteten Römerbevölkerung vorfanden, zuerst neue Staaten und neues, germanisch bestimmtes Rechtsleben, dann auch neue Kulturen, neue Völker entstehen lassen: Die „Romanen" des Mittelalters. Zum Danke für diese Großtaten werden die staatenbildenden, kulturschöpferischen Germanen besonders gerade in den romanischen Ländern mit Vorliebe „die Barbaren" schlechthin genannt. Und dies nicht etwa in dem geschichtlich allein berechtigten, harmlosen Sinne der Zeit der Gotenherrschaft, wo „Barbar" nichts bedeutete als Nichtrömer, einer, der nicht Latein spricht und schreibt, sondern mit jenem heute allein gültigen, gehässigen Unterton, der in dem Barbaren den rohen, kulturlosen Wilden kennzeichnen will, was im Hinblick auf die alten Germanen eine Geschichtsfälschung bedeutet.

Nun, der Kunststil dieser „Barbaren" der Völkerwanderung, der sog. Merowinger Stil, wurde zwar früher und wird zum Teil noch jetzt erstaunlicherweise von der zünftigen deutschen Kunstwissenschaft als Kunst nicht anerkannt. Und doch zeigt er mit seiner phantastischen, malerischen, oft hinreißend schönen Tierornamentik und dem wunderbaren Reichtum seiner Bandverschlingungen echt deutsche Art und engste rassenmäßige Übereinstimmung mit der ebenso gearteten Gotik. An diesem Punkte liegt einer der festesten Knoten, welche die im engeren Sinne deutsche Kunst mit der durch die germanische Archäologie erschlossenen Frühzeit und ihren Kunstschöpfungen innerlich verknüpft. Die Mittelglieder dieser Kette sind die sog. romanische Kunst des zehnten bis zwölften Jahrhunderts in Deutschland und die Lombardenkunst des achten bis zehnten Jahrhunderts in Oberitalien. Denn der Kunststil der germanischen Völkerwanderung führt in der eigentümlichen Fortbildung, die ihm durch die Langobarden in Oberitalien zuteil wird, durch die seit der Karolingerzeit in Deutschland wandernden Lombarden (Comaciner) zur Entwicklung jener in Deutschland so einzigartig hochstehenden Kunst, die wir früher richtig als Lombardenstil bezeichneten. Neuerdings aber sind wir in gedankenloser Nachäffung des Franzosen De Caumont, der germanisches Kulturgut mit dem eigens dafür ausgeheckten Schlagwort „Romanischer Stil" den sog. lateinischen Völkern zuschanzen wollte, ebenfalls dazu übergegangen, diese echt deutsche Kunst als „romanische" zu bezeichnen. Auf dem flandrisch-niederfränkischen Boden Nordfrankreichs aber mündete dieselbe allgemein germanisch gewordene Lombardenkunst im zwölften und dreizehnten Jahrhundert in die Gotik aus, deren deutscher Ast im fünfzehnten Jahrhundert zu reichster Blüte gelangte. Rückwärts

16

aber hat die Kunst der germanischen Völkerwanderung in den verschiedenen Abwandlungen des germanischen Bronzezeitstils einen um zwei Jahrtausende älteren gleichgearteten Vorgänger gehabt. Wie in der Gotik und im Völkerwanderungsstil, herrscht im Bronzestil eine echt germanische malerische Phantasie und ebenso der echt germanische Zug der zwar gebundenen aber doch unendlich fortlaufenden Bewegung, der unendlichen Melodie (Eurhythmie), im Gegensatz zu der in ausgeglichener Ruhe verweilenden vollkommenen Symmetrie der sog. klassischen Kunst.

Der germanische Kunststil der Zeit der Völkerwanderung ist durch die Goten geschaffen worden, nachdem sie um 170 nach Chr. von den Ufern der unteren Weichsel und des Frischen Haffs nach Südrußland ans Schwarze Meer übergesiedelt waren. Sie trafen dort in der heutigen Krim auf das unter römischer Oberhoheit stehende bosporanische Reich, das von einer sarmatisch-griechischen Mischbevölkerung bewohnt war. Manche Zierweisen der hier herrschenden, entartet skythisch-orientalischen (iranischen) Mischkunst übernahmen die Goten in ihren altheimischen Kunststil und arbeiteten hierdurch einen neuen glänzenden national-germanischen Stil heraus, der sich von ihnen aus über Südrußland, Rumänien, Ungarn zu allen germanischen Stämmen der Völkerwanderung verbreitete, nach Österreich, Deutschland, Frankreich, England im Westen, nach Italien, Spanien und Nordafrika im Süden, nach Skandinavien im Norden, überall mit selbständigen Sonder- und Weiterbildungen.

Die ältere gotische Goldschmiedekunst — denn um Gold handelt es sich überwiegend in dem durch die Zufuhr aus dem Ural von jeher so goldreichen Lande im Norden des Schwarzen Meeres — führt nicht nur die schon seit dem zweiten Jahrhundert nach Chr. bei den Germanen heimische Filigranarbeit und die sie vertretende Kunst des Auflegens von dünn gepreßtem, einfach gemustertem Silberblech weiter, sondern verfeinert noch diese beiden Zierarbeiten durch reichere Ausgestaltung des Filigrans und durch abwechslungsvollere, sogar figürliche Darstellungen auf dem nun stets vergoldeten Silberpreßblech. Dann aber ist die Gotenkunst — und das ist das wichtigste — in der Hauptsache bestrebt, durch reichsten Einsatz von roten Edelsteinen, meist Granat, selten Karneol, in Goldgrund eine blendende Farbenpracht zu erzielen. Die Edelsteine werden im 4. Jahrhundert meist mugelig, d. h. gewölbt geschliffen · (en cabochon), später mehr in dünnen, flachen Plättchen. Dazu kommen noch grüne und blaue Pasten. Diese farbigen Einsätze werden auf den Schmuckstücken in Zellen befestigt, die durch aufrecht stehende, niedrige Goldbändchen gebildet werden. Zuerst werden diese Bändchen auf dem Grunde aufgelötet, später mit den Schmuckstücken in Eins gegossen. Das ist der sog. Zellenschmelz oder die Zellenverglasung.

Sehr beliebt als Zierat der Schmuckgegenstände ist der von der Seite gesehene Adlerkopf mit hochgewölbtem Steinauge und ein von vorne und oben gesehener stilisierter Raubtierkopf, ursprünglich wohl ein Löwenkopf.

Hierher gehört der berühmte Goldfund von Pie=
troassa bei Buzau (an unserer Moldaufront vom
Jahre 1917), der Kronschatz des Westgotenkönigs
Athanarik, den dieser bei seiner Burg, inmitten
der gegen den Ansturm der Hunnen errichteten Festun=
gen, vergraben ließ, als er 380 n. Chr. vor der An=
feindung durch seine Verwandten aus dem Lande ent=
weichen mußte.

Dieser Schatz, ein wahrer Nibelungenhort, war
lange Jahrzehnte die Hauptzierde des Bukarester Na=
tionalmuseums. Leider wurde er gleich nach seiner
Entdeckung im Jahre 1837 von den gewinnsüchtigen
Findern mit dem Hammer zusammengeschlagen, ver=
lor so alle seine zahllosen Edelsteine, schmolz von 22
auf 12 Stücke zusammen, wurde im Museum 1875
gestohlen und ist schließlich von dem geschickten Ber=
liner Goldschmied Telge nach Möglichkeit wieder=
hergestellt worden. Sein Gewicht, ursprünglich
$3/4$ Zentner, beträgt jetzt noch 29 Kilo. So traurig
wie die Schicksale dieses Schatzes, so ungewiß ist seine
Zukunft. Die Rumänen haben ihn nämlich im Welt=
kriege bei ihrem Rückzug nach Moskau hinüber=
gebracht, wo er sich heute noch befindet, doch nicht in
Gefahr schwebt, im Schmelztiegel zu enden. Ich führe
die erhaltenen Stücke an:

1. Eine Riesenadlerfibel oder Mantel=
schließe, 27 cm lang ohne die Bommeln.

2. Zwei etwas kleinere Mantelschließen ähn=
licher Art, auch noch ungewöhnlich groß.

3. Eine kleine Vogelfibel.

4. Zwei reizende Körbchen in Gitterwerk gear=

beitet; das füllende Gestein verloren, die beiden Henkel durch zwei Raubtiere gestützt. Diese beiden Stücke stammen aus sassanidischer Werkstatt.

5. Einen Goldkamm.

6. Eine Goldplatte, eine Bratenschüssel von über $1/2$ m Durchmesser.

7. Eine goldene doppelwandige Opferschale, in deren Mitte eine sitzende Frauengestalt plastisch hervorragt.

8. Einen Halsring mit der Runeninschrift: Gutan Jovi hailag, d. h. dem Jupiter der Goten, dem Donar, heilig. Die Übersetzung des Gottesnamens ins Latein zeigt, daß die Inschrift des Ringes von Athanariks Vater herrühren muß, der seine Jugendjahre als Geisel am Kaiserhofe Konstantins verbrachte und dort die lateinische Sprache erlernt hatte.

9. Einen glatten Halsring mit Haken und Ösenverschluß.

10. Einen breiten Halskragen mit Zellenschmuck besetzt.

Unter den zehn verlorenen, von den Findern wohl eingeschmolzenen Stücken befanden sich ausschließlich Wiederholungen der geretteten. Die bisher herrschende Ansicht, daß sich auch eine goldene Gluckhenne mit neun Küchlein in dem Schatze befunden habe, beruht auf einem Irrtum und auf Verwechslung mit einem ähnlichen, um zwei Jahrhunderte jüngeren langobardischen Kunstwerke. Ein solches hatte nämlich die Langobardenkönigin Theudelinde dem heiligen Johannes dem Täufer im Dome zu Monza (Modica) in Oberitalien nebst vielen anderen Kostbarkeiten geweiht. Diesen Vorgang schildert ein Relief im Dome zu Monza und die Goldhenne mit sieben Küchlein, alle mit Granataugen geschmückt und eifrig Erbsen pickend, befindet sich noch heute im Monzaer Domschatze. Glucke mit Küken galt im Altertum als Zeichen von Überfluß und Glück.

Von ähnlicher Art sind zwei Goldschätze, die an der siebenbürgischen Nordgrenze, nördlich von Klausenburg, bei Szilagy-Somlyo, zutage kamen. Auch sie stammen etwa aus der Zeit um 400 n. Chr. Der eine davon enthält zwanzig Kleidernadeln (Fibeln), teils aus massivem filigrangeschmücktem Golde, teils aus Silber mit Goldblechdecke und reichster Granateinlage, je zwei immer ganz gleichgestaltet oder als Gegenstücke und dazu bestimmt, paarweise getragen zu werden. Darunter befindet sich ein Paar mit einem kauernden, seitwärts gewandten Löwen auf dem Bügel; ein anderes Paar in Schalenform mit sechs anspringenden Löwen in Relief getrieben; nur in einem Stück vorhanden ist eine massive Goldfibel mit Karneolen und Bergkristallen, deren ovales Mittelfeld ein fast 9 cm im Durchmesser betragender Sardonyx einnimmt: ein wahrhaft fürstliches Schmuckstück, wie es die römischen Kaiser zu tragen pflegten. Diese beiden Goldschätze aus Siebenbürgen sind gepidischer Herkunft und gehörten wahrscheinlich einem gepidischen Kleinkönige an, der im Jahre 405 mit seinem Anhang sich dem Auswanderungszuge der hasdingischen Wandalen aus Pannonien nach Frankreich anschloß und seinen Hort der Erde übergab, da er mit der Möglichkeit seiner Rückkehr nach

Siebenbürgen rechnete. Sie war ihm und seinem kleinen Stamme aber ebensowenig beschieden, wie zwei Jahrzehnte vorher dem Westgotenkönige Atha-narik.

Im fünften und sechsten Jahrhundert überwiegt in der Flächenverzierung die Goldfaden- und Goldkörnerarbeit, das schon erwähnte Filigran, sowie die orientalische, zur Spirale umgewandelte Ranke, die zur Zeit der Ostgotenherrschaft in Italien bei allen Germanen ihre höchste Blüte erreicht, und der aus der uralten germanischen Holztechnik in Metall-guß übertragene Kerbschnitt, der nur bei den Go-ten auffallenderweise fehlt. Ranke wie Kerbschnitt aber werden um 550 zurückgedrängt von der um diese Zeit aus bisheriger bloßer Randzier zu flächendeckendem Muster werdenden Tierornamentik, die von nun an alleinherrschend wird. Alle drei Zierate, Kerbschnitt, Ranke, Tierornament, kennen gemäß dem germani-schen Kunstwollen keine Aufteilung der Fläche in Grund und Muster, sondern sind reine Relief-ornamente, welche die gesamte Fläche in ständig sich ablösende Höhen und Tiefen zerlegen und da-mit ein malerisches Spiel von Licht und Schatten erzielen.

Die germanische Tierornamentik gehört nach einstimmigem Urteil aller neueren Forscher zum Schönsten und Vollendetsten, was auf dem Gebiete des Flächenornaments überhaupt je geschaffen worden ist. Ihre erste Heimat ist der skandinavische Norden; doch greift sie sogleich ausgiebig südwärts über die Ostsee hinüber nach Nordwest- und Südwestdeutsch-

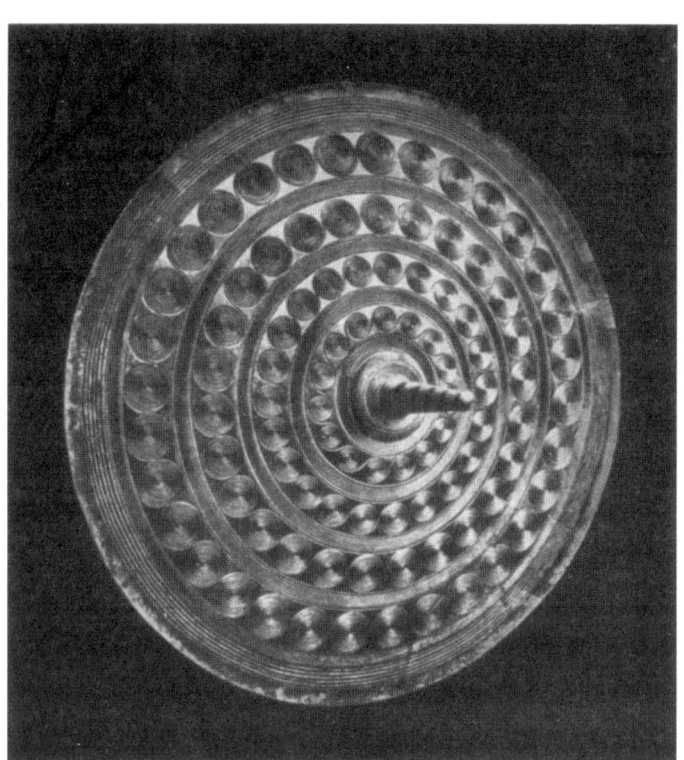

Ein Meisterwerk germanischen Kunststils der Bronzezeit

Gürtelscheibe, die von den Frauen am Rockgürtel getragen wurde, wie dies die Abbildung auf Seite 80 zeigt. Der Ornamentrhythmus ist derselbe, wie ihn die Germanen der Völkerwanderungszeit zu höchster Kunstblüte entwickelten. (Zu S. 17)

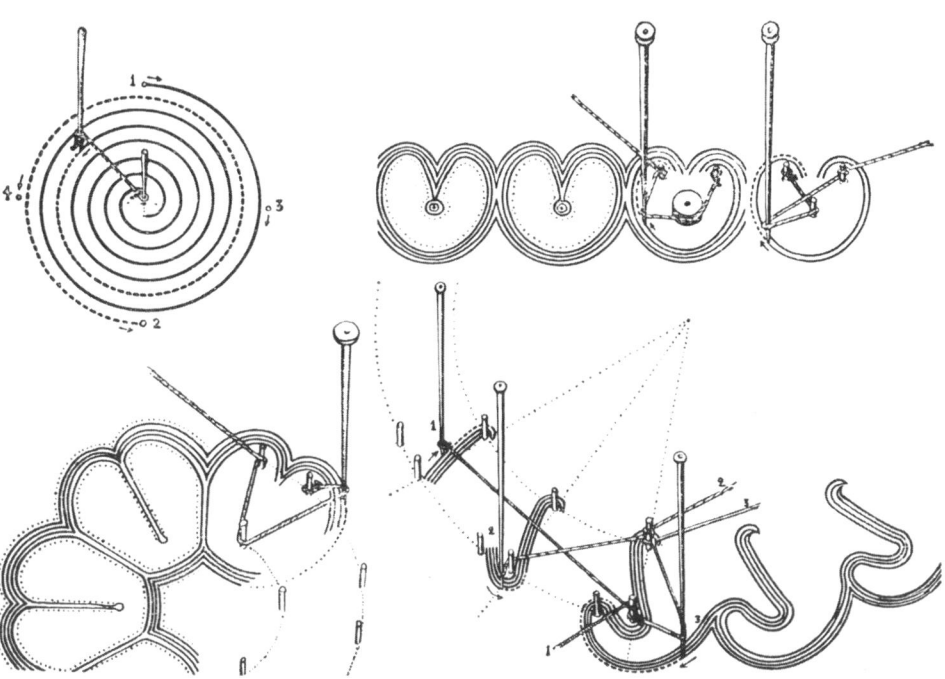

Das Reißbrett des germanischen Bronzekünstlers. Die Verzierungsmuster der bronzezeitlichen germanischen Gürtelscheiben, der Hängegefäße und Geräte mit Spiralzier erforderten konstruktionsmäßige Entwürfe. Diese wurden auf Birkenrinde oder Wachs gezeichnet mit Hilfe einer Bronzenadel, einer Schnur und Pflöcken, auf die man zur Erzielung paralleler Linien kleine Scheiben auflegte.

23

Stücke aus dem Schatzfund von Pietroassa

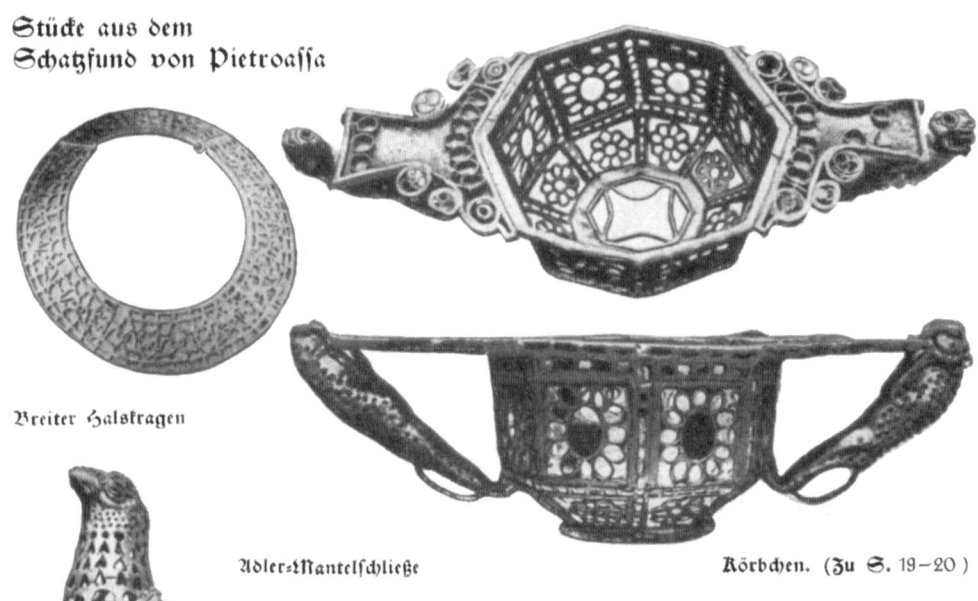

Breiter Halskragen

Adler-Mantelschließe

Körbchen. (Zu S. 19—20)

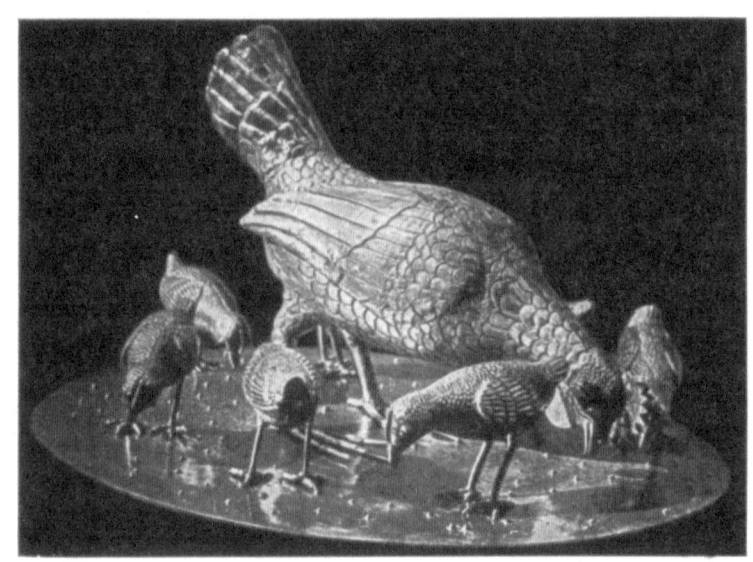

Glückshenne mit Küken. Domschatz zu Monza. (Zu S. 20)

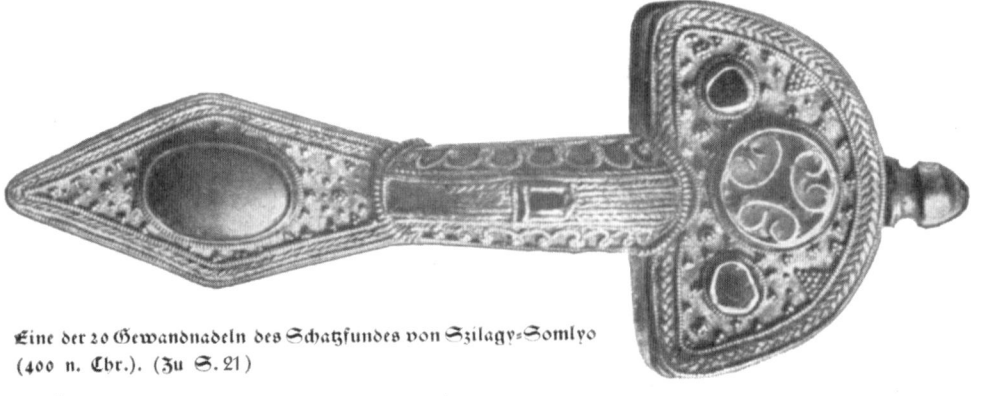

Eine der 20 Gewandnadeln des Schatzfundes von Szilagy-Somlyo
(400 n. Chr.). (Zu S. 21)

24

land, nach der Schweiz und Italien, ja auch nach Südengland und Nordfrankreich.

Die ersten schwachen Anfänge germanischer Tierornamentik erscheinen schon im 4. Jahrhundert in den auf Silberblech eingepreßten Tieren. Dann werden solche Tiere, vielleicht in Nachahmung provinzialrömischer Übung, hauptsächlich als freistehende Randzier an Schmucksachen angebracht und nun rasch nach germanischer Art stilisiert. So erhält z. B. das Tierauge eine hintere halbkreisförmige Umrahmung und der Übergang von Rumpf zu Bein wird durch ein großes birnförmiges Zwischenglied vermittelt. Damit war gegen Ende des 5. Jahrhunderts das fertig, was man Stil I der Tierornamentik nennt.

Vom Rande, wo diese Tiere bisher allein angebracht wurden, in das Innere der Schmuckstücke überzugreifen und die bisher dort herrschenden Zierweisen, Kerbschnitt und Ranke, ganz zu verdrängen, gelang dem Tierstil erst um 550, wie wir schon hörten. Infolge der Aufgabe, nun große Flächen zu decken, erleiden die Tiere weiter fortschreitende Stilisierung. Ihr Leib wird immer dünner, fast fadenförmig ausgezogen, Hals und Kopf werden rückwärts gewendet, die Kiefer beißen in den eigenen Leib, der Nasenteil geht ganz verloren, der Fuß nimmt Blattform an. Die anfangs gerade gestreckten und noch unversehrten Tierleiber werden nun in Rumpf und Glieder zerrissen und diese Teile in wirren Haufen auf der Fläche zusammengedrängt. So wird das Tier als solches völlig unkenntlich, und der Tierstil wird schließlich zu einer Art geometrischen Stils.

Aber gerade diese Auflösung des alten Motivs, dieses ruhelose, wilde Durcheinander, das in seinem Gedränge den ihm zugewiesenen Raum zu sprengen droht, — das war es gerade, was dem germanischen Geschmack so ungemein entsprach und zusagte. Und daher die rasche Verbreitung des neuen Stils von Norwegen, wo er entstand, über Dänemark weiter zu allen Germanen hin mit Ausnahme der Goten, der Ostgoten in Italien, wie der Westgoten in Spanien, denn diese hielten fest an ihrem eigenen, alten Gotenstile.

Auf diesem Wege völliger Auflösung, die man Entartung nennen kann, war aber keine Weiterentwicklung des Tierstils möglich. Rettung konnte nur kommen von wenigstens teilweise erneuter Annäherung an die Natur und wiederhergestellter Ordnung und Übersichtlichkeit in der Gestaltung der Einzelglieder des Tierleibes. Und dieser Heilungsvorgang geschah um 600 unter dem Einfluß der mitteleuropäischen Germanen. Hauptsächlich erfolgte er durch Übernahme des Bandflechtornaments, wie es die Langobarden in Italien an ihren Metallschmucksachen ausgebildet hatten, in den Tierstil.

Ausgestattet mit dieser Bereicherung, die gleichzeitig zur Klärung der alten Verworrenheit führte, hat der neue Stil, den man Tierstil II nennt, sich wie Stil I zu allen Germanen hin verbreitet mit Ausnahme der weit abliegenden Westgoten und nun auch noch der schon ganz dem Einfluß der orientalisch-byzantinischen Kunst verfallenen Westfranken in Nordfrankreich. Stil II dauerte das ganze siebente

Jahrhundert hindurch. In der Tiergestalt zeigt er folgende Neuerungen: Der Kopf erscheint wieder natürlicher, wenigstens unverstümmelt; besonders kennzeichnend an ihm ist das zugespitzte Kinn. Die hintere Augenumrahmung wird weit offen, endet unten in eine Schlinge und wird später oft zu einem bloßen Nackenzipfel verkürzt. Die Fußzehen erhalten die Gestalt einer gespreizten Palmette. Der Leib wird zu einem breiten Bande.

Außer dem langobardischen Bandgeflecht nimmt Stil II aus dem älteren fränkisch-westgotischen Stile die Motive des Wirbels (Dreibeins) und des durch Gradestreckung aus dem Wirbel entstandenen Wellenbandes auf, die beide als Tierkörper dargestellt werden.

In dieser Verfassung, mit neu gewonnener ruhiger Klarheit und zugleich starkem Streben nach Symmetrie, kommt der neue Tierstil nach Ostschweden. Hier erlangt er seine letzte Ausbildung, Vollendung und höchste Blüte im sog. älteren Vendelstil, der besonders in den schwedischen Königsgräbern zu Vendel in Uppland zutage tritt. Es bleibt indes nicht aus, daß auch in diesem geklärten Stil wiederum die Neigung zu malerischer Wirkung in der Anordnung der Teile, zu stärkerer Betonung von Abwechslung, erhöhter Lebendigkeit und Unruhe sich geltend macht. Doch verfällt der Stil dabei keineswegs von neuem einer Auflösung, übt vielmehr in Stücken dieser Art besonderen Reiz auf unser Auge aus.

Als Beispiel für den Stil II der germanischen Tierornamentik nenne ich ein Doppelgrab aus Wittislingen bei Dillingen im bayerischen Schwaben: Mann und Frau haben reichste Beigaben in Gold und Silber. Eine große Fibel mit Filigran, Almandinzellenmosaik und zwei Adlerköpfen in Stil II, ein goldener Fingerring und Teile eines gleicharmigen Goldblattkreuzes, in das geperlte Bänder und Tierköpfe eingepreßt sind, wohl noch in Stil I, nebst sehr vielem anderen lagen bei der Leiche des Mannes. Eine wunderbar schöne goldene Scheibenfibel mit Filigran, Almandinen und anderen Abarten von Granaten in vier Schlangenleibern, drei silberne Eckbeschläge in Stil II, eiserne silbertauschierte Riemenzungen und silberne vergoldete Schnallenbeschläge in spätestem Stil II, eine Zierkugel aus zwei gepreßten Silberschalen mit Verzierung in schon aufgelöstem Stil II und eine indische Meermuschel (Kauri) bei der Frau.

Als neue gradlinige und lückenlose Entwicklung aus Stil II entsteht in Skandinavien und nur dort im 8. Jahrhundert ein neuer Tierstil, Stil III oder jüngerer Vendelstil genannt. Er streift alles ab, was unorganisch in den Tierstil II aufgenommen worden ist, wie das Bandgeflecht, das Wirbel-, Hakenkreuz- und Wellenbandmotiv, und kehrt zurück zur reinen Darstellung des ganzen vierfüßigen Tieres, nicht bloß des Tierkopfes, wie es der Stil II der Festlandgermanen stark bevorzugt hatte. Mit diesem Stil erreicht die Tierornamentik den Höhenpunkt in Feinheit, Zierlichkeit und Kühnheit der Linienführung. Mit ihren eleganten, zuweilen sogar extravaganten Ornamenten hat sie das Beste geschaffen, was der Norden je hervorgebracht hat und was in dieser Kunstart überhaupt geleistet worden ist.

Dieser Stil blieb leider schon ganz auf Skandinavien beschränkt. Denn in Deutschland beginnt nun infolge des Eindringens des Christentums, dessen Kirche die altgermanische Art der Grabausstattung verbietet, der archäologische Stoff zu versagen. Ohnehin mischen sich schon im späteren Stil II „byzantinische" Motive in die echt germanische Kunst. Und die Hofkunst der karolingischen Zeit zeigt, welche Wege inzwischen die Kunstentwicklung bei uns eingeschlagen hat. Die sog. karolingische Renaissance birgt nichts Altgermanisches mehr in sich, sondern ist eine südeuropäische Kunst von internationalem, stark orientalisch-byzantinisch gefärbten Charakter. Erst die sog. romanische und ebenso die gotische Kunst sind wiederum, freilich letzte, Äußerungen altgermanischen Kunstgeistes (f. S. 10 und 16).

In Skandinavien dagegen entwickelte sich während der Wikingerzeit die Tierornamentik des jüngeren Vendelstils weiter, durch das 9. und 10. Jahrhundert, erlitt freilich schon zu Beginn des 9. Jahrhunderts starke Einwirkungen karolingischer Tierdarstellung, wie sie der Osebergfund besonders zeigt. Dazu gesellten sich Ende des 9. Jahrhunderts neue Einflüsse irischer und angelsächsischer Tiervorbilder. Noch stärker „entnordet" wurde der Tierstil während des 10. Jahrhunderts innerhalb des älteren und namentlich des jüngeren Jellingestils: hier spielt eine Hauptrolle das aus angelsächsischer oder karolingischer Kunst übernommene Motiv des Löwen, der mit der ihn umringenden Schlange kämpft. Hervorragende Beispiele sind der größere der beiden Runensteine zu Jellinge in Jütland und der Cordulaschrein des Doms zu Cammin in Hinterpommern. Hier tritt auch schon stärker der Einfluß des englischen Akanthusmotivs auf. Die letzte lebenskräftige Äußerung nordisch-germanischen Kunstwollens erscheint in der Holzschnitzerei der Kirche von Urnes in Norwegen vom Ende des 11. Jahrhunderts. Dann ist die altgermanisch-heidnische Überlieferung auch im Norden erloschen.

*

3. Germanen und Römer

Die ersten Jahrhunderte nach Christus hat man die römisch=germanische oder gar schlechthin die römische Zeit genannt, weil damals angeblich unter römischem Einfluß die ersten Anfänge einer bisher noch völlig mangelnden Zivilisation zu den Germanen gelangt sein sollen. Nun kennen wir kaum einen anderen Abschnitt der deutschen Vor= und Frühgeschichte so gut wie diesen, sei es durch Spatenforschung, sei es durch allerdings sehr viel weniger zuverlässige, antike literarische Quellen.

Vergebens wird man hier nach den Segnungen suchen, welche die damaligen Germanen einem angeblich alles neugestaltenden Kultureinflusse Roms zu danken haben sollen. Das Wenige, was sie an Römischem durch den Handel erwarben, wie etwa getriebene Bronzegefäße und Glaswaren, ist so nebensächlicher Art, daß es neben dem Eigengeschaffenen der germanischen Kultur nur wenig in Betracht kommt. Zudem zeigte der Handel mit solcherlei Ware seit dem Anrücken der Römer an die Grenzen Germaniens gegen früher nur eine Verstärkung. Denn südeuropäische getriebene Bronzegefäße und ägyptische Glasperlen sind schon während der Bronzezeit in nicht geringem Maße zu den Germanen gelangt. Im Gegenteil, wir sehen bei den Germanen fast allent=halben eine bewußte Ablehnung römischer Lebensfor=

men, eine Verschmähung der Erzeugnisse römischen Werkwesens. Wenn irgendwo müßte in dem wichtigsten Punkte, wo sich römisches und germanisches Wesen entscheidend begegneten, im W a f f e n = u n d K r i e g s w e s e n, der angeblich überwältigende römische Einfluß sich geltend gemacht haben.

Aber was sehen wir? Auf der einen Seite der vom Scheitel bis zur Sohle mit Schutz= und Trutzwaffen bekleidete r ö m i s c h e L e g i o n s s o l d a t, mit seinem schweren E i s e n h e l m, seinem dicken Leder= oder E i s e n p a n z e r, seinem gewaltigen mannsdeckenden halbzylindrischen, rechteckigen Schilde aus Holz mit Lederüberzug und reichem Metallbeschlag, seinem ungeheuren, in der oberen Hälfte rein aus E i s e n bestehendem Wurfspeer, dem Pilum, seinem vermöge der verdickten Spitze vorzüglich als Stoßwaffe dienendem S t a h l s c h w e r t und S t a h l d o l c h, nicht zu reden von der Last des Schanzzeuges, das im Kampfe natürlich nicht getragen wurde. Und auf der anderen Seite der leichtbeschwingte bewegliche G e r m a n e, der für die Schlacht sein Obergewand ablegte und höchstens ein lose über die Schultern geworfenes, bis an die Hüften reichendes Mäntelchen trug, dazu einen kleinen runden oder ovalen ganz dünnen Holzschild mit hoch emporragendem mittlerem Eisenbuckel, vermöge dessen diese einzige germanische Verteidigungswaffe zugleich als Angriffswaffe für den linken Arm diente, mit der die Germanen in derselben Weise fochten, wie mit ihrem zweischneidigen Langschwert oder einschneidigen Kurzschwert in der Rechten. Daneben als weitere Trutzwaffe eine zwar wie der römische

Beiſpiel für den Tierſtil I. Anhänger von Gold (1/1) aus Schweden (nach 550 n. Chr.). Rechts iſt der zum Zierat umgewandelte
Tierkörper in ſeine einzelnen Beſtandteile zerlegt. (Zu S. 21)

Tierſtil II (600—700 n. Chr.). Grabfund von Wittislingen.
(Zu S. 27)

Tierſtil III (nach 700 n. Chr.). Gotland, Bronze (1/1). (Zu S. 28)

Germanischer Krieger mit Hose aus Rautendrell, Wollmantel mit Gewandnadel auf der Schulter, Bundschuh mit Sporn, zum Kampf entblößtem Oberkörper, Haarknoten (Zeit um Christi Geburt) (Museum Halle). (Zu S. 32)

Römischer Legionssoldat (Museum Mainz). (Zu S. 32)

Germanische Waffen. Langschwert, einschneidiges Kurzschwert, Lanzen, Speerspitzen, Schildbuckel, Schild, Sporen usw. (Zu S. 32)

34

Wurfspeer sehr lange Stoßlanze, die aber eine ver=
hältnismäßig kurze, schmale Eisenspitze besaß, jene
trotzdem von den Römern so gefürchtete, berühmte
„Framja“, neben der oft noch ein Wurfspeer mit
Widerhakenspitze geführt wurde. — Ein eiserner Ket=
tenpanzer wurde in dieser ganzen vier Jahrhunderte
umfassenden Zeit nur etwa ein Dutzend Mal gefun=
den, diente also nur als fürstliches Prunkstück.

Wir sehen, daß zwar die Trutzwaffen der Ger=
manen denen der Römer annähernd gleich waren,
daß aber ihre Schutzrüstung der römischen Panze=
rung gegenüber wenig in Betracht kam. Das lag
aber nicht an einem Mangel der germanischen Eisen=
technik, die vielmehr sehr hoch stand, sondern allein
am Stammescharakter und an der Kampfweise der
Germanen.

Ihre Absicht war weniger, den eigenen Körper zu
schützen, als unbehindert und so rasch wie möglich den
Gegner mit tödlichem Streiche zu treffen. Der alte
preußische Heeresgrundsatz: Die beste Verteidigung ist
der Angriff, ist nichts als ein Erbteil aus altgerma=
nischem Blut. In dem s c h w e r g e p a n z e r t e n Rö=
m e r und dem u n g e s c h ü t z t e n offenen wagemutigen
G e r m a n e n sehen wir zwei v o l l k o m m e n ver=
s c h i e d e n e W e s e n s a r t e n unversöhnt einander
gegenüber. Hier von einem römischen Kultureinfluß
zu sprechen, das vermochte bisher wohl der von der
Sachforschung kaum berührte, rein auf literarischen
Quellen von Griechen und Römern fußende Ge=
schichtsforscher; ein Kenner deutscher Archäologie
vermag heute kaum eine geringe B e e i n f l u s=

ſung germaniſcher Ziviliſation durch die
Berührung mit Rom zuzugeſtehen. Erſt, nachdem die
Franken über die Grenze Altgermaniens hinaus in
Gallien bis zum Seinegebiet ſich feſtſetzten, ſpüren wir
bei ihnen einen merkbaren Einfluß der vor ihnen dort
im Lande entſtandenen gallorömiſchen Ziviliſation.

★

4. Germanisches Seewesen, Schiffsbau

Wir hatten soeben nur das Kriegswesen zu Lande im Auge. Wie aber steht es mit dem Seewesen? Daß die Römer eine Flotte hatten, weiß jeder; ebenso aber auch, daß sie als Seefahrer nie über schülerhafte Anfänge hinausgekommen sind. Sie schufen sich ihre Flotte unter militärischem Zwange erst in den Punischen Kriegen und handhabten sie vermöge der Enterhaken mehr als fahrbare Brücken, denn als hurtige gewandte Schiffe.

Hatten die Germanen nun auf der See den Römern etwas Gleichwertiges entgegenzustellen? Da lächelt vielleicht mancher zunächst, aber ganz mit Unrecht. Es gibt kein indogermanisches Einzelvolk, das eine solche Menge uralter Bezeichnungen besäße für Meer, Seen und Seelandschaften, für Seetiere und Fischerei, für Schiffe, Schiffsteile und Seefahrt, für Himmels= und Windrichtungen, kurz alles, was im und am Meer lebt und webt, wie die Germanen. Manche dieser anderen Völker sind geradezu wasserscheu, wie die Slawen, im Grunde auch die Italiker. Besser ist es wohl in Frankreich und Irland gewesen zur Zeit der alten Kelten, aber bis heute noch mangelt dort eigentliche Seetüchtigkeit, wenn man von den erst gegen Ende der germanischen Völkerwanderung aus England nach der Bretagne übergesiedelten Bretonen absieht. Und wenn Spaniens Seefahrt einen kurzen glanzvollen Aufschwung nahm am Ende des Mittelalters, so kam dieser auf die Rechnung einzelner Ausnahmemenschen, nicht auf die der Gesamtheit des Volkes. Nur im alten Griechenland blühte eine der germanischen ähnliche Seeschiffahrt, aber sie war kein Besitz aus griechischer Vorzeit, sondern als Erbe von der alten nichtindogermanischen Vorbevölkerung kretisch-mykenischer Kultur mit übernommen worden. Die germanische Seesprache hat die Welt erobert: Worte wie Bord, Mast, Bugspriet, Matrose, Nord, Süd, West, Ost sind in alle romanischen Sprachen gedrungen. Wenn heute drei Viertel alles Schiffsraumes der Welt in den Händen germanischer Völker sich befindet, so hat das seinen vieltausendjährigen früh- und vorgeschichtlichen Hintergrund. Der südwestliche Teil der Ostsee mit seiner reichen Küstenentwicklung und seinen vielen Inseln ist die hohe Schule für die Vertrautheit der Germanen mit dem nassen Element gewesen, und diese Vertrautheit ist so alt, wie die nordische Rasse hier gelebt hat, sie besteht mindestens schon 10 000 Jahre. Sowie die Römer am Niederrhein sich festsetzten, treten ihnen die germanischen „Seehähne" in gefährlichster Weise entgegen. Germanische Seeraubfahrten von der holländischen Küste aus setzen das römisch gewordene Nordseegestade Galliens in steten Schrecken: Friesen und Chauken sind es, die sich dabei besonders hervortun.

Aber auch bei den binnenländischen Usipiern hören wir von einem kühnen Seestückchen. Eine Kohorte Usipier war des römischen Solddienstes in England müde geworden, bemächtigte sich dreier Schiffe, umfuhr auf diesen unter andauernden Gefechten mit den Strandbewohnern plündernd ganz Britannien, um schließlich an die germanische Küste zu gelangen.

Ein noch größeres Heldenstück germanischen Seefahrergeistes, das an die Heldentaten der „Emden" der „Ayesha" und des „Wolf" erinnert, spielt im Jahre 280 n. Ch. und wurde ausgeführt von einer Schar Franken, die Kaiser Probus wider ihren Willen in Thrakien, also nahe dem Balkan, angesiedelt hatte. Auch diese bemächtigten sich einiger Schiffe und kehrten in dreijähriger verwegenster Seefahrt über Griechenland, Sizilien, Nordafrika, Gibraltar nach ihrer niederrheinischen Küste zurück.

Von den Schweden rühmt Tacitus, sie wären mächtig nicht nur durch waffenfähige Mannschaft, sondern auch durch Kriegsflotten. Ihre Schiffe schildert er als große Ruderschiffe ohne Mast und Segel, die vorn und achter gleich gebaut seien, um sowohl vorwärts als rückwärts rudern und mit jedem der beiden Schiffsenden landen zu können.

Ein solches Schiff ist kurz vor dem deutsch-dänischen Kriege im Moor zu Nydam gegenüber der Insel Alsen unweit des Schlachtplatzes Düppel entdeckt worden. Es stammt, wie die unzähligen Waffen und Schmuckstücke, die es in seinem Innern barg, beweisen, aus der Zeit um 400 nach Chr. und gehörte zu einem jener berühmten Moorfunde des östlichen Schleswig und Jütlands nebst Nordfünen, die als Beute aus Vernichtungskämpfen gegen einen über See eingedrungenen feindlichen Germanenstamm anzusehen sind. Der gesamte Inhalt dieser Kriegsbeute wurde zerſtückelt und als unantaſtbares Opfergut für die hilfreichen Götter auf die Oberfläche des Moores nie= dergelegt und iſt dann nach und nach von dem ſteigen= den Pflanzenwuchs bedeckt worden. Das Nydamboot iſt aus Eichenholz, 24 m lang, mittſchiffs 3,30 m breit, 1,28 m hoch und hat 14 Duchten oder Ruder= bänke, alſo 28 Ruder, jedes 3,60 m lang. Als Kiel dient eine durchlaufende 14,5 m lange, kräftige, mit ganz beſonderer Sorgfalt bearbeitete, an den Enden ausgehöhlte Bodenplanke, an die ſich beiderends die bis 2,14 m hochgehenden Steven anſetzen. Zu beiden Seiten dieſer Kielplanke laufen je 5 Bordplanken, die Klinkerbau zeigen, d. h. ſie greifen dachziegelartig oder ſchuppenartig übereinander und ſind aneinander mit etwa 6000 Eiſennieten befeſtigt, die außen die für eine ſolche Verbindung allein zweckmäßigen breiten Köpfe und innen Nietbleche zeigen. Die Spalten ſind durch Wollzeug und Teer gedichtet. Im Innern ſind die elf Planken ſo behauen, daß an allen Stellen, wo die Querrippen des Schiffs den Längsplanken an= liegen, Querreihen von Paaren länglicher Klötze, „Klampen‟ oder „Knaggen‟, ſtehengeblieben ſind. Dieſe Knaggen haben je zwei Löcher; ebenſo haben die 19 Querrippen oder Spanten des Schiffes, die aus natürlich gekrümmtem Eichenholz hergeſtellt ſind, ent= ſprechende Löcher, damit ſie an die Knaggen mittels Ruten oder Lederriemen feſt angebunden werden konn= ten. Die Knaggen ſtehen etwa um die Dicke der Plan= ken aus dieſen heraus, die Planken ſamt den Knaggen mußten alſo aus der doppelten Dicke herausgehauen werden, was bei Eichenholz nicht nur einen großen

40

Holzreichtum voraussetzte, sondern auch den Aufwand einer ungeheuer mühsamen Arbeit notwendig machte, zumal hierbei sehr leicht Ausschuß entstehen konnte. Diese Art lockerer Verbindung der Spanten mit den Planken macht das Schiff bei hohem Wellengang oder in der Brandung sehr g e s ch m e i d i g. Vielleicht wollte man daneben noch dem Übelstande vorbeugen, daß etwa das Eintrocknen des Holzes zum Leckwerden führte, was bei einer starren Verbindung der Holzteile leicht geschehen konnte. Auch die Ruderpflöcke oder Dollen waren nur angebunden, damit sie, sobald Rückwärts= fahren notwendig wurde, umgekehrt werden konnten. Gesteuert wurde das Schiff mittels eines breiten, schaufelförmigen Ruders, dessen Schaft durch eine Schlinge an der Reling befestigt war, während das Schaufelblatt in einer eigenen Durchbohrung an die hier doppelt durchbohrte Kielplanke mittels eines Taues angeseilt war. Das Ruder war somit nur um seine senkrechte Achse drehbar. Es hing, wie es auch später noch bis zum dreizehnten Jahrhundert nicht anders üblich war, stets an der rechten Seite des Achter= stevens, so daß der Steuermann, der mit beiden Armen arbeiten mußte, der linken Schiffseite den Rücken („Back") zuwendete. Daher stammen die heute noch üblichen Bezeichnungen „Steuerbord" und „Back= bord" für rechte und linke Seite des Schiffes. Das Nydamboot steht schiffstechnisch auf einer so hohen Stufe, daß es immer von neuem die staunende Be= wunderung der heutigen Fachleute hervorruft.

Ein zweites derartiges Boot, aus Kiefernholz, wurde zu gleicher Zeit im Nydammoor gefunden, ist aber in den Kriegswirren von 1864 leider untergegangen. Es war nur insofern anders gebaut, als es am Kiel hinten und vorn einen eisenbeschlagenen Rammsporn hatte. Eine schwedische Felsenzeichnung von etwa 500 n. Chr. zeigt uns ein ganz gleiches Boot. Noch heute vermitteln genau solche Schiffe den Verkehr auf den großen schwedischen Landseen, namentlich als Gemeinde- und Kirchenboote.

Daß aber auch schon zwei Jahrtausende vor der Nydamzeit zwar andersartige, einfachere, aber doch schon vorgeschrittene Boote die Ostsee belebten, zeigen uns die zahllosen nordischen Felsenzeichnungen der Bronzezeit in Skandinavien, bei denen nichts so häufig dargestellt wird, als solche stark bemannten Boote mit zwei hohen Steven und meist noch mit einer aufwärts gerichteten Verlängerung des Vorderteils des Bodens, wohl zum Schutze des Schiffes gegen Aufstöße. Solch eine Schiffsart ist vor einer Reihe von Jahren aus einem nur 50 m langen Moor bei dem Landgut Hirschsprung auf Alsen nebst Beigabe zahlreicher Waffen, darunter 140 eiserne Lanzenspitzen, 30 knöcherne Lanzenschuhe, 8 einschneidige Schwerter, 50 rechteckiglängliche Holzschilde mit hölzernem Mittelbuckel, viele Kettenpanzer, außerdem gedrechselte Teller, Dosen und große Holzgefäße, Bootseile, Harzmasse zur Kalfaterung und Haustierskelette zutage gefördert worden. Eine Wiederherstellung des sehr stark mitgenommenen, etwa 14 m langen Bootes ist vom Kopenhagener Museum noch nicht gewagt worden. Der eigentliche Bootsraum wird 10—11 m lang, 2 m breit und 0,60 m tief gewesen sein. Sein Rumpf besteht aus fünf bis $1/2$ m breiten Planken von Ahorn, die an den Rändern mit dünnen Stricken aneinander „genäht" sind. Die Löcher für die Stricke sind mit Harz verkittet. Auch hier sind, wie noch beim Nydamboot, die „Klammern" oder „Knaggen" mit den Planken aus demselben Balken herausgehauen worden und mit den Spanten ebenfalls durch Stricke verbunden. Die zehn Ruderbänke boten Raum für zwanzig Ruderer. Die Reling bot für die Ruder keine Stützpunkte, das Boot muß also mit kurzen, $1^{1}/_{2}$ m langen „Pageien" fortbewegt worden sein; das Steuerruder hatte eine breite Schaufel. Die Spanten bestanden nur in einem System von Rippen aus Haseläften. Die beiden Steven waren an der Reling wie am Boden geschnäbelt. An dem ganzen Boot befindet sich nicht die geringste Verwendung von Metall. Seine hohe Bedeutung liegt in der Tatsache, daß es das überhaupt älteste erhaltene Seeboot der Welt ist.

Wenn das Nydamboot und die altgermanischen Kriegsschiffe überhaupt keine Segel führten, so ist damit keineswegs gesagt, daß die Germanen das Segeln nicht gekannt hätten, wie bisher stets behauptet worden ist. Eine solche Annahme ist bei einem Volke, das der ganzen übrigen Welt seemännisch derart überlegen war, wie die Germanen, unmöglich. Auch hat kein Schriftsteller des Altertums so etwas behauptet. Ein Kriegsschiff mußte zu jeder Stunde und Minute dem Willen der Mannschaft gehorchen können. Das war aber nur bei Rudereinrichtung der Fall, während beim Segeln der Wind im entscheidenden Augenblick versagen konnte. Denn das Kreuzen und Lavieren, wiederum eine germanische Erfindung, war im Altertum noch unbekannt. So wäre Mast und Segel für ein Kriegsschiff meist nur Ballast gewesen; und die germanischen Schiffsbaukünstler wußten längst nur zu gut, daß eine der wichtigsten Eigenschaften eines guten Kriegsschiffes das möglichst geringe Eigengewicht, d. h. seine leichte Handlichkeit ist. Dagegen konnte ein Handelsschiff die Gelegenheit günstigen Windes ruhig abwarten und wird darum schon damals das Segel stets mitgeführt haben.

Die germanischen Kriegsschiffe gingen zur Segelschiffahrt erst im achten Jahrhundert über, aber auch die berühmten Wikingersegler, die Drachenschiffe, konnten nebenbei noch gerudert werden, um gegen alle Widrigkeiten ungünstigen Windes, oder gar gegen Windstille gesichert zu sein. So das 1880 aufgedeckte Gokstadschiff in Oslo, das größte, vollkommenste und besterhaltene Wikingerschiff, berühmt nicht minder durch seine das Auge des Beschauers entzückende schöne Form, als durch seine hohe, in dieser Art nicht zu übertreffende technische Vollendung, was Schnelligkeit, Gewandtheit und Festigkeit angeht. Es ist etwa 24 m lang, inmitten über 5 m breit und 2 m hoch, ging voll belastet 1 m tief im Wasser, an der Spitze ein wenig mehr abgerundet als an der Hinterspitze, besitzt 16 Ruderbänke, also Platz für 32 Ruderer, einen Mast und ein Raasegel. Längs der Reling waren nach außen auf jeder Seite 32 Schilde aufgehängt, abwechselnd immer ein weißer und ein schwarzer. Die Befestigung des Steuerruders ist, gegen die des Nydambootes, hier nur insofern anders geworden, als das Schaufelblatt des

Ruders nicht in einer doppelten Durchbohrung der tief=
liegenden Kielplanke, sondern in halber Höhe des
Schiffs mittels Durchbohrung der Schiffswand selbst
angeseilt ist. Aus den Wikingerschiffen haben sich in
gradliniger Abstammung unsere heutigen Kriegsschiffe
entwickelt!

Das Gokstadschiff verdankt seine treffliche Erhaltung
dem Umstande, daß der Hügel, in dem es beigesetzt
worden war, größtenteils aus Blauton bestand. Der
Hügel gehörte zu der Gruppe großer Grabhügel des
Landgebiets westlich von Oslofjord, das man „West=
fold" nannte und das zur Wikingerzeit unter der
Herrschaft des berühmten, ursprünglich schwedischen
Königsgeschlechtes der Ynglinge stand. Das Gokstad=
schiff barg in der Grabkammer die auf ein Ruhebett
gestreckte Leiche des Königs Olaf Geierstada=alf, der
nach der Überlieferung von besonders hohem Wuchs,
an den Beinen stark gichtleidend war und im Alter
von 60—70 Jahren starb. Tatsächlich förderte die
Ausgrabung das Gerippe eines etwa sechzigjährigen
Mannes von 1,90 m Länge zutage, das an den Bei=
nen schwere Gichtknoten aufwies. Das Grab ist wie
die meisten dieser großartigen Hügelgräber, soweit
man sie aufgedeckt hat, so leider auch das berühmte
Oseberggrab in christlicher Zeit beraubt worden, so
daß von dem kostbaren Grabgut nichts übrig geblie=
ben ist. Man fand unter den erhaltenen Beigaben auch
zwölf Hengste, sechs Hunde und einen Pfau.

Solche riesige Schiffsgräber bilden den Höhepunkt
der Entwicklung der Sitte der kleineren Bootsgräber
des sechsten und siebenten Jahrhunderts nach Chr., die

ihrerseits wieder eine Weiterbildung der Sitte waren, die Gräber mit schiffsförmigen Steinsetzungen zu umgeben, eine Sitte, die im Norden bereits zur jüngeren Bronzezeit geübt wurde. Alle diese Bestattungsarten waren eine Auswirkung des uralten germanischen Glaubens, der übrigens auch bei vielen fremden Völkern herrschte, des Glaubens an eine Bootsfahrt der Verstorbenen ins Jenseits. Das Totenreich oder Walhall konnte nur zu Wasser erreicht werden.

Ich kann es mir hier nicht versagen, auf das Wunder des neuesten Wikingerschiffes, das jetzt bereits so viel besprochene Osebergschiff, näher einzugehen. Es ist freilich kein Kriegsschiff, sondern eine Lustyacht einer norwegischen Kleinkönigin, erbaut um 800 und nach jahrzehntelangem Gebrauch etwa 850 in den Erdhügel gesetzt, um diese Königin samt ihrer Dienerin über das Wasser zur Toteninsel, der Insel der Seligen, zu fahren. Entdeckt wurde das Schiff in diesem Hügel, der 40 m Durchmesser besaß und ursprünglich $6^1/_2$ m hoch war, im Jahre 1903, vollständig freigegraben 1904. Der Grabhügel gehört gleichfalls in die Reihe der Ynglingergräber, doch sind Schiff und Grabausstattung hier um vieles herrlicher als in dem etwa zwanzig Jahre später errichteten Gokstadhügel, da es sich um ein Frauengrab handelt. Denn Frauengräber wurden von jeher bei den Germanen weit reicher und prächtiger ausgestattet als Männergräber. Das Schiff ist, wie das Nydamboot, aus Eichenholz in Klinkerbau hergestellt, $21^1/_2$ m lang und über 5 m breit; es hat zwölf Bordplanken und fünfzehn Ruderbänke. Es war schon etwa 50 Jahre alt und ziem-

46

lich schadhaft geworden, wurde daher für die Bei=
setzung neu instand gesetzt. Achter dem Mast, von dem
nur ein Stumpf erhalten ist, wurde die Grabkammer,
ebenfalls aus Eiche, eingebaut. Sie hat eine Länge
von $5^1/_2$ m, eine Breite von $4^1/_2$ m und eine Höhe von
3,20 m; ihr Dachfirst wird von zwei Ständern ge=
tragen. Besonders gut erhalten ist der verhältnis=
mäßig kleine Eisenanker, der erste Schiffsanker, der
aus der Wikingerzeit bekannt geworden ist. Das Schiff
mußte Stück für Stück dem Hügel entnommen, nach
Oslo gebracht und dort zusammengesetzt werden,
während das Gokstadschiff in nur 2 Teilen nach Oslo
hinübergeführt werden konnte. Die Bewahrung von
Holz, das Jahrhunderte lang in der Erde gelegen hat
und nun wieder an die Luft zurückkehrt, als bloßer
Stoff, der vor Zerfall in Staub geschützt werden
soll, ist schon eine der schwierigsten Aufgaben der
Museumsverwaltungen; wieviel mehr aber, solche
Holzgegenstände in ihrer ursprünglichen Form zu
erhalten!

Vier Jahre, bis 1908 dauerte allein die Konservierung,
Zusammensetzung und Aufstellung des Schiffes selbst,
für das eine eigene Wellblechbaracke gebaut wurde;
vier weitere Jahre aber die Konservierung, Wieder=
herstellung und Aufstellung all der Tausende von Holz=
gegenständen und anderen Arbeiten, die das Schiff
barg. Die Herstellung des prachtvollsten der vier
Schlitten, des Schlittens Nr. 4, dauerte allein ein
Jahr, denn er mußte aus 1068 Stücken zusammenge=
setzt werden. Für die ganze Ausstattung des Grabes
mußte ein eigener Flügel des neuen Historischen Mu=

seums in Oslo eingerichtet werden, der 1912 eröffnet
wurde. Diese ganze Arbeit ist die Meisterleistung mei=
nes, leider zu früh 1915 dahingerafften Freundes Pro=
fessor Gustaffon, dem es nicht mehr vergönnt war,
das von ihm in jahrzehntelanger Mühewaltung wohl
vorbereitete Werk einer im größten Stil gehaltenen
bänderreichen Veröffentlichung über das Osebergschiff
selbst noch erscheinen zu sehen.

In der Grabkammer, die im elften Jahrhundert von
Leichenräubern leider ausgeplündert worden ist, befand
sich eine Aussteuer für das zukünftige Leben,
wie man ähnliches noch nicht gesehen hat. Um den
Hauptinhalt dieser wunderbaren Märchenwelt der Vor=
zeit kurz anzudeuten, seien genannt: ein vierräderiger
Prunkwagen, der im Vorderschiff stand, ebenso wie die
drei reichverzierten und der eine schlichte Schlitten, alle
mit ausgesucht reich und in feinstem Kunstgefühl ge=
schnitzten Deichseln; fünf sog. Tierkopfpfosten, einzig=
artige Kunstwerke; drei Betten; ein Stuhl; Wind=
bretter; zwei eichene Truhen, z. T. noch mit ihrem
Inhalt an Geräten und Gebrauchsgegenständen; ein
Webstuhl mit angefangenem Gewebe; ein Gerät mit
angefangener Brettchenweberei; Gewebereste in schwer
entwirrbaren Knäueln; dazu eine vollständige Haus=
haltungs= und Rücheneinrichtung; Wachs; zwei Mühl=
steine; endlich Gerippe von etwa fünfzehn Pferden,
zwei Stieren und vier Hunden.

Wir wissen auch, wem die körperlichen Überreste der
etwa 40—50jährigen Königin und der etwa 30jäh=
rigen Dienerin angehört haben. Der Name „Oseberg"
bedeutet Berg der Osa oder Aasa (aa sprich: o). Die

48

geschichtliche Überlieferung meldet von einer Königin Asa, der Tochter des Königs Harald Rotlipp zu Agde in Westnorwegen und Gattin des Königs Gudröd des Stolzen in Westfold, den sie nach dem über alles heiligen Pflichtgebot der Blutrache ermorden ließ, weil er ihr ganzes Geschlecht vernichtet hatte. Aus dieser Ehe war Halfdan der Schwarze entsprossen, so benannt nach seinem Haar. Herangewachsen herrschte dieser in Westfold gemeinsam mit seinem älteren Stiefbruder Olaf Geirstadir=alf, dessen Grabhügel, wie wir schon hörten, zwanzig Jahre später als derjenige seiner Stiefmutter Asa in der Nähe von Gokstad errichtet worden ist. Königin Asa aber wurde durch Halfdan die Großmutter Harald Schönhaars, der ganz Norwegen unter seine Herrschaft zwang.

So haben wir es bei dem Oseberggrab auch mit einem geschichtlich bedeutsamen Denkmal zu tun.

Unvergleichlich größer aber ist die kunstgeschichtliche Bedeutung des Grabinhalts, einmal nach der Seite der Webekunst und dann besonders der Holzschnitzkunst. In den Bildwebereien der Teppichstreifen besitzen wir Denkmäler des germanischen Nordens, die wiederum die ältesten ihrer Art in ganz Europa sind. Sie schildern kultische Aufzüge zu Wagen und zu Schlitten und mythische Szenen, wie Odins Baum mit den Gehenkten, Schildmädchen, Burgen usw. Die einzigartige Bedeutung dieser leider starker Zerstörung anheimgefallenen Kunstwerke kann voller erst klar werden, sobald die Veröffentlichung des ihnen gewidmeten Bandes des großen Osebergwerkes stattgefunden haben wird.

Die germanische Holzschnitzkunst, die wir bis=
her nur in ihren schon abklingenden Ausläufern an den
Toren der norwegischen Stabkirchen kannten, aber aus
dem Zierstil der älteren germanischen Metallkunst mit
Sicherheit auch für frühere Zeiten erschließen konnten,
hat sich zu Oseberg in ihrer ganzen prachtvollen Hoch=
entwicklung, wie sie die Gegenwart nicht entfernt ähn=
lich aufzuweisen hat, zum ersten Male enthüllt. Und
dies ebenso in den großen Formen des Holzbaues an
den Schiffssteven, wie in den mittleren des Wagen=
und Schlittenbaues an den herrlichen geschnitzten Deich=
seln, schrägen Seitenwänden und Kufen der Schlitten
und den Kastenwänden des prunkvollen Leichen=
wagens, wie endlich an den kleineren Formen der
einzigartig prächtigen dämonischen Köpfe der Tier=
kopfstäbe. Überall begegnen wir herrlichstem Geflecht
aus ineinander geschlungenen Tierleibern, bei den Tier=
kopfstäben sowohl an den langen Hälsen, als auch an
den Köpfen selbst. Die Köpfe zeigen nur halb geöff=
nete, nicht beißend gestaltete Schnauzen und stellen
offenbar Köpfe von Hunden dar, die im Heulen be=
griffen sind. Die Halsteile sind hohl, um auf Schäfte
aufgesteckt senkrecht getragen zu werden. Sie waren
vielleicht mit Rasseln verbunden, deren Getöse das
Geheul der Höllenhunde nachahmen und dadurch die
bösen Geister, die sich an den Leichnam heften, von der
Bestattungshandlung fern halten sollten. Vielleicht
wurden auch die zum Tode bestimmten und mit bei=
gegebenen vier Hunde bei der Bestattung durch
Schläge zu beständigem Heulen gebracht, um so die
Aufgabe der Tierkopfstäbe weiterhin zu unterstützen.

50

Nydamboot (400 n. Chr.). (Zu S. 39)

Alfenboot
(500 v. Chr.).
(Zu S. 42)

Wikinger auf Kriegsfahrt. Zeichnung von J. Sjäsvörd. (Zu S. 44)

Das Osebergschiff und Funde daraus

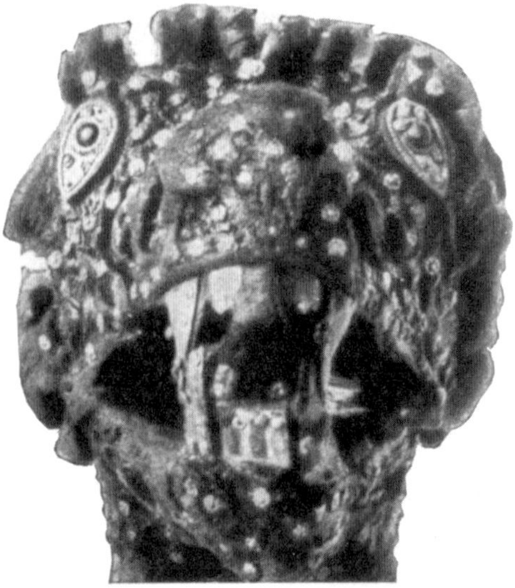

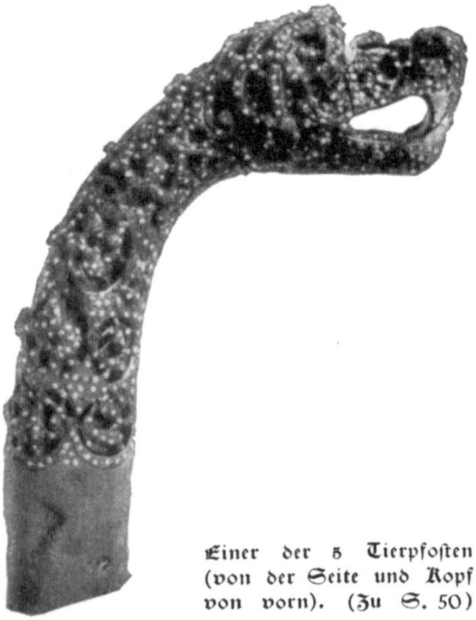

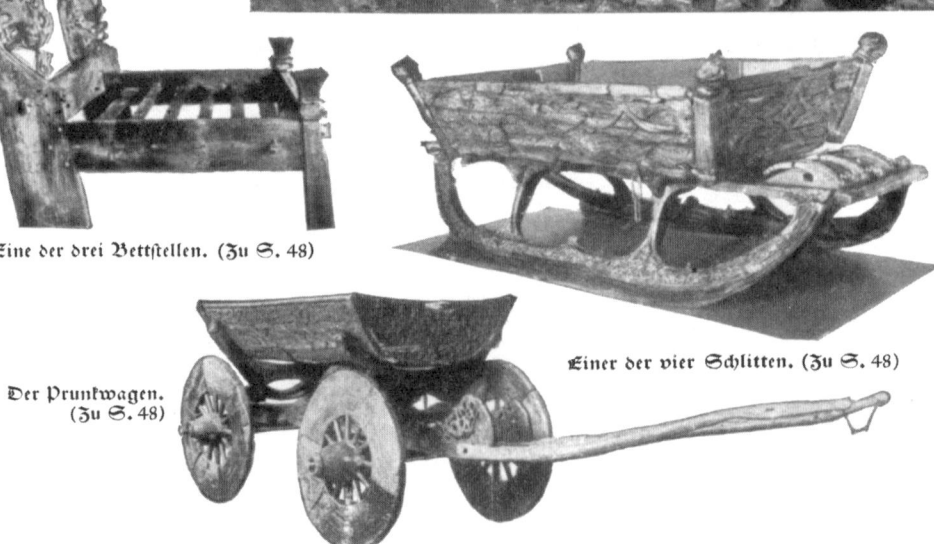

Einer der 5 Tierpfosten (von der Seite und Kopf von vorn). (Zu S. 50)

Das Schiff im Grabhügel freigelegt. (Aufnahme vom Jahre 1904.) Schiff erbaut etwa 800, das Grab etwa 850 errichtet. (Zu S. 46)

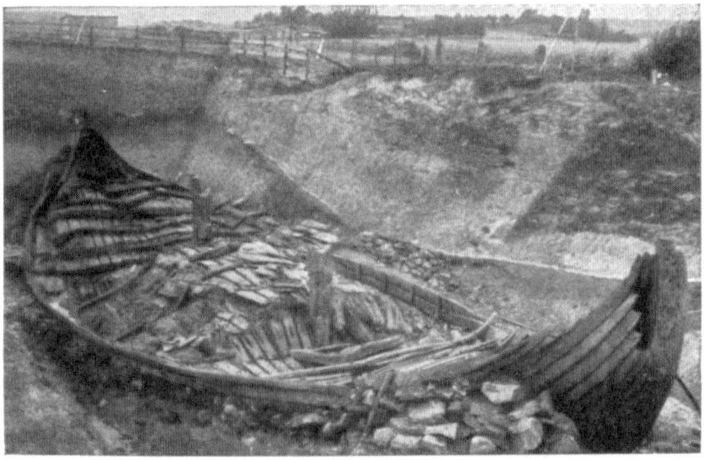

Eine der drei Bettstellen. (Zu S. 48)

Einer der vier Schlitten. (Zu S. 48)

Der Prunkwagen. (Zu S. 48)

Die fünf Tierkopfstäbe sind ganz verschieden stilisiert, so daß man schließen kann, sie stammen aus verschiedenen Jahrzehnten des neunten Jahrhunderts. Man unterscheidet den „akademischen" Tierkopfstab, der einen einfacheren, glatteren Stil aufweist, von einem zweiten, der jenen ersten nachahmt, einem dritten, der, freilich mit Unrecht, als „karolingisch" bezeichnet worden ist, endlich von den beiden letzten besonders reich und schön ausgearbeiteten „barocken", die samt den herrlichen Deichselstangen der Schlitten, wohl von einem und demselben Künstler, dem „Barockmeister", geschaffen worden sind oder wenigstens aus einer und derselben Schule stammen. Nach der Lage der Stäbe im Schiffsraum muß der Träger des akademischen Tierkopfstabes an der Spitze des Leichenzuges geschritten sein, die Träger der übrigen vier Stäbe aber zu je zweien vor und hinter dem Leichenwagen, auf dem die Königin aufgebahrt lag. Die beiden Rinder, die wohl den Wagen zogen, und die zahlreichen Pferde, die wohl vor die vier Schlitten gespannt waren, wurden vor Schluß der heiligen Handlung geopfert, ihre Häupter z. T. von den Rumpfen abgetrennt und an verschiedenen Stellen des Schiffs niedergelegt. Es folgte noch die Tötung der Dienerin in der Grabkammer, die dann verschlossen wurde, endlich die Überschüttung des Schiffs mit Steinen und darüber der Aufbau des Hügels.

*

5. Germanendarstellungen in antiker Kunst

Doch kehren wir zur Betrachtung des Verhält=
nisses zwischen Germanen und Römern zurück.

Es wäre ein leichtes, auch auf den sonstigen Ge=
bieten germanischen Lebens in der sog. römischen Zeit
die Selbständigkeit germanischer Kultur gegenüber
römischer darzutun, wenn der Raum dieser knappen
Darstellung es gestatten würde.

Hervorheben möchte ich aber, wie so ganz anders
als das heutige Rom und die heutigen welschen Völker
insgesamt, auch so ganz anders als wir selbst, das
alte Rom von den Germanen gedacht und
gesprochen hat.

Keiner der Feinde war im alten Rom annähernd
so gefürchtet und zugleich so hoch bewertet wie die
Germanen. Tacitus, bei dem uns eine zuweilen
etwas romantisch gefühlvolle oder gesucht geistreiche
Ausdeutung an sich richtig beobachteter Züge germani=
schen Lebens, germanischer Art und Denkweise viel=
leicht unsicher machen könnte, im Grunde aber doch
nicht stören darf, steht mit seiner hohen Bewunderung
unserer Ahnen nicht etwa als Ausnahme da, als un=
klarer weltstädtischer Gefühlsschwärmer für ein er=
träumtes Naturidyll, sondern ist als Mitglied höchster
politischer und Adelskreise nur der Widerhall der
öffentlichen Meinung Roms.

Darum sind die Germanen in den ersten Jahr=

hunderten nach Chr. auch so unzählig oft darge=
stellt worden und dies in einer Weise, daß es unser
Herz nur mit Freude und Stolz erfüllen kann. Mit
Freude — weil wir erkennen, wie die alten Bildhauer
mit sichtlicher Liebe sich bemühen, den körperlichen
Typus der Germanen in seiner ganzen stolzen Schön=
heit, ebenso ihre geistige Art und ihren seelischen Cha=
rakter zu voller Erscheinung zu bringen. Und Stolz
soll beim Anblick dieser Bilder unser Herz schwellen,
weil wir erkennen: Diese Gestalten sind Bein von
unserem Bein, Blut von unserem Blut und damit
auch Geist von unserem Geist.

Die erste Berührung zwischen Germanen und der
Welt des Mittelmeers erfolgte an der untersten Do=
nau, im heutigen Rumänien und Bessarabien, wohin
der germanische Stamm der Basternen von den
Weichselquellen her längs dem Außenrande der Kar=
pathen schon um die Mitte des dritten Jahrhunderts
vor Chr. gewandert war. Von hier bestürmten sie ein
Jahrhundert lang die griechischen Kolonialstädte am
Schwarzen Meere und nahmen im zweiten Jahr=
hundert vor Chr. an den Kämpfen der keltischen Ga=
later in Thrakien, Griechenland und Kleinasien teil.

Aus dieser Zeit stammt die älteste Darstellung
eines Germanen, die wir überkommen haben, zugleich
eine der schönsten und die einzige, die wir dem Meißel
eines echten griechischen Künstlers hellenistischer Zeit
verdanken. Original, nicht verwässernde römische Nach=
bildung, wie die meisten griechischen Bildwerke, so
wie wir sie heute kennen. Leider ist von der ganzen
Gestalt nur der Kopf erhalten.

55

Ein jugendlicher Basterne, schwer verwundet, sucht in schmerzlichem Aufstöhnen die schwindende Lebenskraft zu einem letzten Widerstande gegen das Unterliegen zusammenzuraffen. Der Ausdruck des Leidens hat seinen Mittelpunkt im geöffneten Mund und namentlich in dem schmerzvollen Aufblick der weit aufgeschlagenen, tiefliegenden Augen, deren Umrandung von starken Stirnknochen beschattet wird. Der lange Kopf und das lange schmale Gesicht mit der feinen Nase und den feinen mageren Wangen, auf denen der erste Bartflaum sprießt, zeigt edelsten Germanentypus. Das von allen Seiten nach der rechten Schläfe hinübergekämmte und dort in einen Knoten verschlungene Haupthaar ist die charakteristische germanische Haartracht, die Tacitus als swebischen Knoten beschreibt. Leider ist der Knoten hier fast ganz abgestoßen. Diese Basternenbüste, jetzt in Brüssel, war ein Bestandteil der Sammlung Somzée und wird danach heute benannt.

Diesem Prachtstück eines jungen Mannes schließt sich eine Frauendarstellung an, die bekannte sog. Thusnelda, bereits frührömische Arbeit, aber noch voll griechischer Erinnerungen, wie die typische Körperstellung, insonderheit die Armhaltung der Trauernden, die Entblößung der Brust, gleichfalls ein typisches Zeichen der Trauer an griechischen Bildwerken, endlich die dicksohligen griechischen Gitterschuhe zeigen. Ich halte die Bildsäule für eine Verkörperung des Basternenvolkes, für eine trauernde besiegte Basternia. Das feine Oval des Gesichts, der Gesichtsschnitt überhaupt, vor allem der Seelenzustand sind nur ger=

manisch: stille Ergebenheit in unabwendbares Geschick, dabei aber die volle Hoheit eines unbeugsamen Charakters, nichts jedoch von jener übertriebenen Leidenschaftlichkeit und theatralischen Pose der Gallier, wie sie bereits die pergamenischen Galatergestalten zeigen. So die Köpfe des sog. sterbenden Galliers und des Galliers der Ludovisi-Gruppe. Schon dieser idealische Galatertypus aus Pergamon zeigt, wie sehr wir die Nachrichten der Alten einschränken müssen, wonach die Kelten oder Gallier in vielem und namentlich im Körperlichen den Germanen sehr ähnlich gewesen sein sollen. Das kann sich nur auf Körpergröße und Helligkeit von Haut- und Haarfarbe beziehen, nimmermehr aber auf Kopf- und Gesichtsbildung. In letztem Punkte waren die Gallier z. T. schon in ihrer süddeutschen Urheimat, noch mehr aber in ihrem späteren Lande, Nordostfrankreich, durch Vermischung mit den dortigen Urrassen den Germanen recht unähnlich geworden. Es waren offenbar zur Hälfte mindestens Kurzköpfe mit weit weniger fein geschnittenen, weniger profilierten Gesichtern, als die der Germanen; als unschön fallen bei ihnen die breiten Backenknochen auf und die weniger edle Nase.

Und dasselbe Bild bieten die hellenistischen Gemmen und die römischen Silberdenare mit Gallierköpfen aus der Zeit nach Cäsar.

Im Laufe des zweiten Jahrhunderts vor Chr., lange vor den Kimbernkriegen, kämpfen die Basternen mit glänzendem Erfolge auch gegen Rom. Zuerst im Solde der letzten makedonischen Könige, später des kleinasiatischen Königs Mithradates des Großen, endlich auf

eigene Faust oder im Bunde mit den thrakischen Nach=
barstämmen, Geten in der Dobrudscha, Mysern in
Nordbulgarien und eigentlichen Thrakern in Südbul=
garien.

Schwerste Niederlagen erlitten hier die Römer, die
neuen Herren des Balkanlandes, durch die Germanen.
Den ersten, aber entscheidenden Sieg gegen die Baster=
nen und ihre drei thrakischen Verbündeten gewann erst
der junge Kaiser Oktavian durch seinen Feldherrn Li=
cinius Krassus in den Jahren 29 und 28 vor Chr.

Krassus errichtete, wahrscheinlich am Orte der
Hauptschlacht, als dauerndes Wahrzeichen seiner Siege
einen großartigen, dräuend nordwärts über die Donau
in Feindesland schauenden Triumphbau in Form
eines hochragenden Turmes, der aus einem mächtigen
Rundbau emporwächst. Dieses römische Denkmal steht
noch heute und zwar dicht an unserer Dobrudschafront
vom Oktober 1916: Konstanza, Medschidja, Rassowa,
Tschernawoda; und zwar zwei Meilen südlich von
Rassowa, bei dem Dorfe Adamklissi.

Unser Feldmarschall Moltke, der im Jahre 1837
im Auftrage der Türkei die Befestigungen der Donau=
linie untersuchte und in seinen berühmten „Briefen
über Zustände und Begebenheiten in der Türkei"
seine Ritte durch diese Gegend beschrieb, er war es, der
als Erster der Welt Kunde brachte von der gewaltigen
Ruine bei Adamklissi. Den geistigen Wiederauf=
bau der Ruine, wie er aus den Tausenden, teils am
Fuße der Ruine lagernden, teils weithin verschlepp=
ten Steintrümmern in peinlichster Gewissenhaftig=
keit und zugleich mit genialem Blick erdacht worden

ist, verdanken wir unserem zu früh verstorbenen Archäologen Adolf Furtwängler.

Im Oktober 1916 wandte ich mich an Generalfeldmarschall Mackensen mit der Bitte, er möge verhüten, daß unsere Geschütze sich auf die Ruine von Adamklissi richteten oder daß unsere Fliegerbomben die in Bukarest befindlichen Bildwerke und Architekturteile träfen. Der Feldmarschall konnte mir in längeren Briefen die freudige Mitteilung machen, daß alles wohlerhalten geblieben ist. Die Ruine habe ihre militärische Geschichte vermehrt, da sie in den Kämpfen vor der Schlacht bei Topraisar und in dieser Schlacht selbst dem unseren linken Flügel befehligenden General als Gefechtsstand gedient habe.

Dieses Bauwerk, dessen unterer Stufenbau einen Durchmesser von nahezu 39 m besitzt und dessen Höhe einst genau dasselbe gewaltige Maß hatte, zeigte auf den Metopen des Frieses Darstellungen von Kriegsereignissen und auf den Dachzinnen Einzelbilder von Kriegsgefangenen der vier Rom feindlichen Volksstämme. Es ist meist unbeholfene Soldatenkunst, bessere Steinmetzarbeit, die sich in diesem harten Kalkstein versucht hat, aber ausgezeichnet durch große Naturtreue. Nur bei den Germanenbildern strengen diese soldatischen Steinmetzen ihr ganzes Kunstvermögen an, nicht bloß tote Puppen hinzustellen, sondern ihren Gestalten mehr Empfindungsleben zu leihen.

Der gefesselte Basterne der Zinne Nr. 1, mit seinem schmerzvollen Blick in die Ferne, als beseelten ihn trübe Heimatsgedanken, verrät in seinem Gesichtsausdruck noch eine offenbare Erinnerung an hellenistische Ausdrucksmittel, wie wir sie von dem echt griechischen Basternenkopfe kennenlernten. In seinem hohen Wuchs, mit seinen schlanken, fast eleganten Gliedmaßen, dabei so kräftig breiten Schultern, in der edlen Bildung des langen Gesichts und in der vornehmen Haltung ist er das vollkommenste Abbild eines Germanen.

Zinne Nr. 2 zeigt einen noch unbärtigen Basternenjüngling von überaus kräftigem Wuchs und mit zorniger Gebärde. Noch weit ingrimmiger, das Auge halb zu Boden geschlagen, halb auf seinen Peiniger gerichtet, schaut der Basterne darein, den ein Metopenbild des Denkmals vorführt. Es zeigt, wie der Basterne von einem Römer an der Kette vorwärts getrieben wird, aber nur mit finsterem Trotz dem Gebote des Römers folgt: keine Spur jener demütigen flehenden Unterwürfigkeit, in der andere Stämme dargestellt werden, wie wir später sehen werden.

Wie ganz anders sehen die drei thrakischen Stämme, die Verbündeten der Germanen, auf dem Denkmal aus! Gemeinsam ist diesen Völkerschaften: in der Tracht ein mehr oder weniger langer Kittel oder Kaftan russischer Art: in der körperlichen Erscheinung vollrunde, weichliche Formen der schwammig aufgedunsenen, fetten Leiber und Gesichter, in straffen Strähnen abstehendes Haupthaar, das in rundlichem Schnitt ein geistloses, ja rohes Gesicht umkränzt. Welch ein Abstand gegen die Germanen!

In einer kleinen Bronzestatuette, die sich in Paris befindet, sehen wir ganz ausnahmsweise einen knieend flehenden Germanenjüngling; trotzdem bleibt seine Haltung edel und weit entfernt von allem Skla-

60

vischen. Diese Bittstellung erklärt sich aus der Bestimmung dieser Art Statuetten. Sie waren Teile jener im Altertum weitverbreiteten Miniaturnachbildungen überlebensgroßer Triumphdenkmäler aus der Zeit des Kaisers Augustus, bei denen der die Feinde niedersprengende Feldherr, meist der Kaiser selbst, stets die Hauptgruppe bildete. Solche kleinen Bronzenachbildungen dienten als Pferdebrustschmuck. Der Germane kniet vor dem gegen ihn ansprengenden Kaiser; er ist in der üblichen Kriegstracht, wo das Obergewand fehlt, nur mit Mäntelchen, Hosen, Gürtel und Schuhen bekleidet. Aber wie prachtvoll ist der Körper, seine straffen, sehnigen Glieder, die kraftvollen Züge des schmalen, hageren Gesichts. Vortrefflich erhalten ist hier der swebische Haarknoten, hornartig hervortretend.

Nun noch einige Darstellungen von Germanen, die an den beiden berühmten Kaiserdenkmälern in Rom zu sehen sind, der Trajanssäule und der Markussäule.

Die Trajanssäule stellt bekanntlich die beiden großen Kriege dar, die der Kaiser gegen die Daker in Ostungarn, besonders in Siebenbürgen führte, und in denen er dieses Volk vernichtete: ganze Völker auszumorden oder außer Landes zu schleppen, war ja eines der von Rom nicht gar selten angewandten Mittel zum Erwerb und zur Sicherung seiner Weltherrschaft.

In der Winterpause des zweiten Dakerfeldzuges, 105 auf 106 nach Chr., befindet sich Trajan an der Donau beim heutigen Turn Severin an der Westecke der Walachei. Hier empfängt der Kaiser, wie ein besonders eindrucksvolles Bild der Säule es schildert, eine große Reihe von Gesandtschaften, darunter die schon so oft genannten Bafternen, die im Kriege neutral blieben. Vor Trajan stehen Vertreter der Reitersarmaten (ganz links) aus der Theißebene, weiter südruffische Steppenstämme in Faufthandschuhen, Daker in Bittstellung und Bosporusgriechen. Aber im Vordergrunde stehen wieder die Germanen: mit ihnen redet der Kaifer. Römisches Ruhmbedürfnis und Eigenliebe ließen es nur ganz selten zu, Vertreter fremder Volksstämme anders denn als Verwundete, Tote, Gefangene oder Gnade flehende Unterworfene zu verewigen. Hier ist so ein feltener Fall: Die Edlen der Bafternen werden als Vollebenbürtige dem Kaifer vorgestellt und ihr Sprecher grüßt in vornehmster Gebärde mit halberhobener linker Hand. Eine kostbare Gestalt dieser kraftstrotzende, straffmuskulöse Bafternenhäuptling in seiner wahrhaft fürstlichen Haltung: jeder Zoll ein König.

Und nun halte man dagegen einen beliebigen Vertreter des von der römischen Kunst mit meisterhafter Wahrheit erfaßten Nationaltypus der Daker: Das Unedle dieses Typus springt dermaßen in die Augen, daß kein Wort darüber verloren zu werden braucht.

Ich hebe hier nochmals den gewaltigen Unterschied hervor, den einerseits die Gestalten der Germanen, andererseits die aller anderen europäischen Völker auf antiken Denkmälern bekunden, sowohl in dem Eindruck, den sie an sich auf den Beschauer machen, als auch durch die so nahegelegten Rückschlüsse auf die Bewertung der dargestellten Völker durch Griechen und Römer selbst. Wir sahen diesen großen Gegensatz bereits im Verhältnis von Germanen zu Galatern, Galliern, Thrakern, Dakern, südrussischen Stämmen.

Als Abschluß dieser Schilderungen diene das vielleicht sprechendste Gegenüber von Germanen und Nichtgermanen, das die berühmte Gemma Augustea bietet, jener Sardonyxkameo von der Künstlerhand des Dioskurides. Das Werk verherrlicht den Triumph des Kaisersohnes Tiberius vom Jahre 12 nach Chr. über Germanen und Illyrier, die auf der Unterhälfte des Stückes durch je einen Mann und eine Frau vertreten werden, links die Germanen, rechts die Illyrier.

Während das männlich schöne, üppig umlockte Antlitz des gefesselten Germanen edlen Zorn gegen die feindlichen Überwinder atmet, wird der mit dem Halsreif geschmückte Illyrier in unterwürfigster Sklavenhaltung wiedergegeben und sein Kopf zeigt Züge barbarischer Häßlichkeit, vorstehende Backenknochen, strähniges ungeordnetes Haupthaar, lückenhaften Wangenbart und struppigen Kinnbart. Verewigt ist er zudem, wie auch sein Weib, in einem Augenblick entehrendster Behandlung, wo beide an den Haaren fortgeschleppt werden. Nichts von alledem bei der Germanengruppe.

So also sahen die Germanen in Wirklichkeit aus. Keine nackten Feuerländer, wie an den Friesen der Berliner Nationalgalerie und der Regensburger Walhalla und in den unzähligen Darstellungen der Varusschlacht. Aber ebensowenig ungeschlachte, zottige Bärenhäuter, wie wir sie auf der Bühne vorgesetzt bekommen. Im Kampfe den Oberrock als hinderlich für die Kriegsarbeit abzuwerfen, ist altgermanische, aber ebenso auch noch neudeutsche Sitte.

Sind diese Germanen nun Wilde, als die sie von den heutigen Vertretern der alten Geschichte immer noch geschildert werden? Sind sie überhaupt nur ein Naturvolk zu nennen? Nimmermehr. Zwar ein einfaches Bauernvolk, ohne die Verfeinerungen des Großstadtlebens, aber doch ein Edelvolk. Es gibt auch edle Bauern: Bismarck war ein solcher und war stolz darauf, es zu sein. Nur von Edlem kann Edles stammen. Und wenn wir Deutschen ein Recht haben, uns für ein Edelvolk zu halten, so folgt schon daraus, daß die alten Germanen ebenfalls ein solches gewesen sein müssen.

Aber was hat trotz alledem die Wissenschaft, was haben die Geschichtsforscher aller Gebiete seit Jahrhunderten bis auf den heutigen Tag mit eiserner Beharrlichkeit diesem Edelvolk an Ungereimtem, ja Ungeheuerlichem alles aufbürden zu dürfen geglaubt. Es ist ja eine der traurigsten, dabei gefährlichsten deutschen Eigenheiten, daß wir aus eitler selbstgefälliger Sucht, nur ja recht sachlich und vorurteilsfrei zu erscheinen, wenn es sich um die Sache des eigenen Volkstums handelt, der Gefühlsstimme, die hier so oft allein das Richtige trifft, Schweigen gebieten und viel lieber zu Ungunsten des Deutschtums die Wahrheit mit Füßen treten, als auch hier in höherem Sinne gerecht zu sein.

Das Ganze der den Germanen so günstigen antiken Überlieferung über sie wird dabei kurzsichtig in den Wind geschlagen; man hält sich lieber an vereinzelte ungünstige, oft nur vermeintlich ungünstige Aussagen. Der beliebteste Eideshelfer hierbei sind stets Cäsars Tagebücher über seinen gallischen Krieg gewesen, von

64

denen wir doch wissen, daß sie eine rein politische Schrift sind, worin Cäsar sich nicht einmal scheut, um Rom in billiges Staunen zu setzen, die haarsträubendsten Jagdgeschichten zu erzählen, so z. B. über die Art, wie die Germanen Elche fangen.

Und dazu kommt nun noch, daß die antiken Schriftsteller so häufig sich unklar, ja dunkel ausdrücken, wenigstens für unser Verständnis, und damit ärgsten Mißdeutungen Tür und Tor geöffnet haben.

★

6. Siedlungswesen und Hausbau der Germanen

Eine dieser Fehlauffassungen ist es, wenn man die Germanen cäsarischer Zeit für Nomaden, für Wanderhirten erklärt hat, wie es die Turkmenen Zentralasiens sind und die Semiten es zur Patriarchenzeit waren. Und das glaubte man nicht nur in früheren Jahrhunderten, zumal in der Zeit der Aufklärung, als Adelung das Wort prägen durfte: „Der Germane ist das Raubtier, das schläft, wenn es nicht jagt oder frißt." Nein, auch noch in den letzten Jahrzehnten hat ein hochangesehener Vertreter der Volkswirtschaft, der ein bedeutsames, vielbändiges Werk über alteuropäische Siedelungs= und Ackerbau= Verhältnisse verfaßt hat, durch jene falsche Auffassung vom Wirtschaftsleben der Germanen sein Lebenswerk stark entwertet. Ein solches Hin= und Rück= oder Rundwandern mit großen Viehherden von einem Weideplatz zum andern schließt nicht nur feste Wohnungen aus, sondern erfordert auch, als alleiniger Wirtschaftsbetrieb, so ungeheure Nahrungsräume, daß man darum die Gesamtheit der Germanen um Christi Geburt auf nur 200 000 Seelen schätzen zu dürfen glaubte. Und ein so schwaches Volk, ausgestreut in dünnster Verzettelung auf den gewaltigen Raum Mittel= und Norddeutschlands soll den größten Heeren, die die Welt bis dahin überhaupt gesehen hatte, den Heeren der Kaiser Augustus und Tiberius, mit Erfolg haben trotzen können? Und ein kleinerer Bruchteil dieser Germanen soll dann bald das römische Weltreich über den Haufen haben rennen können? Äußerst vorsichtige Betrachtungen anderer neuerer Forscher haben dazu geführt, im alten Germanien durchschnittlich 250 Köpfe auf die Quadratmeile anzusetzen, was zu einer Gesamtbevölkerung von etwa zwei Millionen führen würde, also zu dem Zehnfachen der Meitzenschen Ansetzung. Wahrscheinlicher ist noch, daß wir mit etwa drei bis vier Millionen Germanen zu rechnen haben werden.

Zudem ist auf mitteleuropäischem Boden zu keiner Zeit ein Nomadenleben überhaupt möglich gewesen, und feste Dorfsiedelungen reichen hier zurück bis in die Anfänge der jüngeren Steinzeit, d. h. mindestens um 4000 vor Chr., also noch weit über die Zeit des Ursprungs der Germanen, der etwa um 2000 vor Chr. anzusetzen ist, bis in die Zeit der ersten Zerteilung des indogermanischen Urvolks in kleinere Stämme. Sowohl Fachwerk wie Pfostenhäuser, viereckige und ovale Bauten sind in diesen Dörfern der Steinzeit zahlreich bei uns nachgewiesen.

Als Beispiel diene der Grundriß eines solchen Fachwerkhauses der Steinzeit bei Heilbronn von 5:6 m Innenausdehnung. Es enthält einen Küchenraum, der 1,20 m tief in den natürlichen Lößboden eingeschnitten ist, und einen 40 cm höher gelegenen Schlafraum mit Lehmbänken. Beide Räume sind durch eine verputzte Flechtwerkwand geschieden und durch drei Stufen verbunden. Der Küchenraum hat in der Mitte die 1 m tiefe Herdgrube, die mit großen Kochsteinen gefüllt ist, an dem einen Giebel eine gedeckte Kellergrube, am andern eine Abfallgrube, daneben die schräge Eingangsrampe. Die Außenwände bestehen aus Reihen in den Boden getriebener Staketen, die sowohl außen als innen mit abwechselnden Lagen von Flecht= werk und Lehmpatzen verkleidet sind. Der Verputz ist gelb getüncht und im Schlafraum noch mit einem Friese gelb, rot und weißer Zickzackstreifen aus= gemalt. Als Wandstütze diente ein Rahmen aus stärkeren Rundhölzern, auf denen das Deckengebälk ruhte. Hier hing wohl ein Teil der massenhaften Ton= gefäße, deren Scherben im Boden gefunden worden sind. Das Haus ist, obwohl vor nahezu fünf Jahrtausenden erbaut, ein deutlicher Vorläufer des zwei= bis dreigeteilten oberdeutschen Bauernhauses. Unser Wort „Wand", von „winden" abgeleitet, er= innert noch an die Flechtwerkwände vorgeschichtlicher Häuser.[1])

---

[1] In den letzten Jahren hat die Erforschung der Wohn- und Siedlungsweise der jüngeren Steinzeit besonders durch die Ausgrabungen im Bereich der nordischen Kultur des Federsee- und Bodenseegebietes außerordentliche Fortschritte gemacht. Proben dieser nordischen Häuser finden sich auf Seite 70. Es sei hier auf die Werke von Prof. Dr. Hans Reinerth „Das Federseemoor als Siedlungsland des Vorzeitmenschen", 9.—12. Tausend 1936, und „Das Pfahldorf Sipplingen", 2. Aufl. 1938, im Verlag Curt Kabitzsch, Leipzig, erschienen, ver= wiesen.   J. L.

*

Von der Trajansfäule (105/6 n. Chr.).
Basternengesandtschaft verhandelt mit
Trajan. (Zu S. 62)

Zwei Zinnen vom Denkmal von Adamklissi, links bärtiger, rechts junger bartloser Basterne.
Die Haarknoten auf der rechten Schläfe sind gut zu erkennen. (Zu S. 60)

Nordisches Rechteckhaus der jüngeren Steinzeit, ausgegraben in Sipplingen am Bodensee. Wiederhergestellt von der Modellwerkstatt des Reichsbundes für Deutsche Vorgeschichte, Berlin.

Die Aichbühler Kultur, deren Träger aus dem Norden zugewanderte Stämme waren, verdrängte in diesem Gebiet die bis dahin üblichen westischen Rundhütten. Das nordische Rechteckhaus ist das Vorbild des griechischen Antentempels geworden. (Zu S. 67)

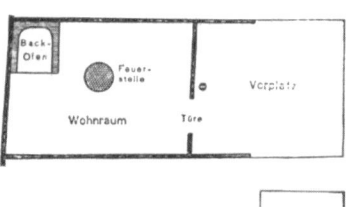

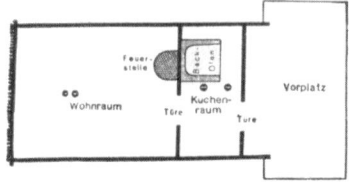

Grundrisse nordischer Rechteckhäuser. Nach Ausgrabungen im Moordorf Taubried im Federseemoor.

Inneres eines nordischen Wohnhauses der jüngeren Steinzeit mit Backofen und Gerätschaften. Der Backofen besteht aus Flechtwerk und ist mit Lehmverputz überzogen. Wiederhergestellt von der Modellwerkstatt des Reichsbundes für Deutsche Vorgeschichte, Berlin.

70

7. Getreidebau und Obstzucht
der Germanen

Einem ähnlichen, aber noch schlimmeren Irrtum ist ein neuerer Vertreter antiker Geschichte verfallen, wenn er den Germanen, wiederum auf Grund falsch aufgefaßter Nachrichten Cäsars und anderer antiker Schriftsteller, vor der Berührung mit den Römern jeglichen Betrieb des Ackerbaues absprach. Wieder sollen es erst die Römer gewesen sein, die den Germanen zu dem Genuß eines Kulturgutes verholfen hätten, das gerade erst an der Eingangspforte zu jeder höheren Gesittung steht. Namentlich der Bau der Gerste soll sich, nach diesem zwar phantasievollen, aber den Germanen recht übelwollenden Forscher, seit Cäsars Germanenkriegen aufs schnellste, fast wie ein Lauffeuer, zu allen Germanenstämmen hin verbreitet haben, und weshalb? Nicht weil sie nach Brot ein übergroßes Verlangen gehabt hätten, sondern weil sie hierdurch in die Lage kamen, ihr berühmtes Bier in ungemessenen Mengen zu bereiten und unaufhörlich sich zu berauschen. Ja, ja: Dieser Forscher weiß es so genau wie der humorvolle Scheffel: sie lagen auf Bärenhäuten und tranken immer noch eins. So sangen wir als junge Studenten im vorigen Jahrhundert mit wohligem, etwas spöttischem Behagen, wenn wir bei Trinkgelagen den Becher schwangen, und fühlten uns dann so blut- und gemütsverwandt den alten Germanen und geistig doch so unendlich erhaben über unsere ehrwürdigen Altvordern.

Von jeher war unserer Raffe eigen, wie allen gefunden kräftigen Völkern, die in Ländern nordischen
Klimas ihre Urheimat haben, gute Trinker zu sein,
d. h. dem Alkoholgenuß zu gegebener, seltener Zeit
gern einmal zu frönen. Es ist aber eine kindliche Vorstellung, zu meinen, die Germanen hätten womöglich
unterschiedslos in ihrer Gesamtheit andauernd tagaus
tagein gezecht, vielleicht auch noch, wenn man den
Tacitus hier in der üblichen falschen Auslegung heran-
zieht, die Nächte dabei zu Hilfe genommen. Ein
Zechervolk ist auf die Dauer kein Heldenvolk, sondern einem raschen Untergang geweiht. Die Germanen waren aber ein Heldenvolk
und sind es stets geblieben. Denn nur ein durch und
durch mannhaftes, leistungsfähiges Volk konnte am
Ende der römischen Kaiserzeit die Welt erobern,
überall in Europa neue Staaten auf germanischer
Grundlage mit germanischem Verfassungs-, Gerichts-,
Heerwesen und germanischer Ständegliederung bilden
und nach stärkster Bluterneuerung der alten, vollkommen verlebten römischen Untertanenvölker den eigentlichen Kern jener fälschlich „Romanen" genannten
Stämme bilden, aus dem nach Jahrhunderten überall
die herrlichsten Blüten europäischen Kunstlebens trie-
ben: so die langobardische, fälschlich „romanisch"
genannte Kunst, dann die sogenannte „gotische", in Wahrheit niederfränkische Kunst,
endlich die „italienische Renaissance, die eigentlich auch langobardisch heißen sollte.

Es ist selbstverständlich, daß die große Mehrzahl der
Germanen in unbewußter Befolgung der Goetheschen

Anweisung an den Schatzgräber — „saure Wochen, frohe Feste" — nur bei den großen religiösen Festen, die mit dem Wechsel der Jahreszeiten verknüpft waren, und bei Familienfeiern, wie Hochzeit und Tod, die Möglichkeit hatten, sich einen Rausch anzutrinken. Wie wären sonst auch die Mengen Bieres oder Mets zu beschaffen gewesen in einer Zeit, wo jeder Hausstand selbst sehen mußte, dem Bedarf seiner Angehörigen das ganze Jahr über gerecht zu werden?

Sehr richtig und wahr ist die Bemerkung des Tacitus, daß es kein Volk gebe, das mehr als die Germanen der Gastfreundschaft und damit auch den Gastmälern huldige. In jenen Zeiten war es der Fremde, der Reisende, der Seefahrer, oft auch der fahrende Sänger, der die großen Neuigkeiten aus den nahen und fernen Ländern Germaniens und wohl auch noch viel weiter her verbreitete. Darum war der Fremde dem für politische und andere Neuigkeiten von nah und fern überaus empfänglichen und dankbaren Germanen, zumal dort, wo die Höfe oder die Dorfsiedelungen in weiter Vereinzelung lagen, stets ein besonders geschätzter und willkommener Gast. Und auch diese Gastlichkeit führte unvermeidlich zu Trinkgelagen.

Was Tacitus aber von dem Faulenzen mancher Germanen und von ihren täglichen Gelagen berichtet, bezieht sich, wie jeder aufmerksame Leser seiner Germania sieht, nur auf einen ganz kleinen Kreis des Kriegeradels samt seiner Gefolgsmannschaft. Dort ging es etwa so her, wie es einige Jahrhunderte später in unserem Beowulfepos von dem Leben und Treiben bei König Hrodgar in seiner Halle Heorot auf Seeland so anschaulich und gewiß alles eher als für uns abstoßend geschildert wird. Wiederum nach Goethes Anweisung an den Schatzgräber: „Tages Arbeit, Abends Gäste."

Wenn jener obengenannte Forscher, der von seinem grünen Schreibtische her und an der Hand des Cäsar, den er nicht einmal richtig zu übersetzen und auszulegen versteht, die Einführung des Ackerbaues und des Bierbrauens der Germanen als Verdienst der Römer bucht, so hätten ja die Germanen, die er als vollendete Trunkenbolde sich denkt, im Grunde wenig Anlaß gehabt, den Römern als angeblichen Vermittlern des deutschen „Erblasters" besonders dankbar zu sein. Ein unlösbares Rätsel bliebe es dann immer noch, woher die Germanen ihr zu Cäsars Zeit schon so berühmtes Bier eigentlich herbekommen hätten, bevor ihnen dieser Römer, wie jener Forscher glaubt, den Segen des Gerstenbaues gebracht haben soll.

Dieser Forscher irrte sich um mindestens 4000 Jahre. Denn die deutsche Archäologie hat einen vielseitigen Getreidebau, und zwar von Gerste, Weizen und Hirse, schon für den Übergang von der Früh= zur Spätepoche der jüngeren Steinzeit, d. h. also für das 5. bis 4. Jahrtausend vor Chr. festgestellt und für die späte Steinzeit und die nachfolgenden Jahrtausende sogar hundertfach nachgewiesen. — Aber auch wer diese Ergebnisse kennt, meint dann doch meist: ja woher ist denn der steinzeitliche Getreidebau nach Europa gekommen? Doch nur aus dem Morgenlande; nach dem viel mißbrauchten, erst neuzeitlichen Wort „ex oriente lux", aus dem Osten das Licht, das freilich ursprüng=

lich nichts weiter bedeuten sollte als die alte und immer neue Wahrheit, daß die Sonne im Osten aufgehe.

Betrachten wir einmal die Hirse näher, jenes alt=ehrwürdige Korn, aus dem der Hirsebrei unserer lieben Kindermärchen bereitet worden ist.

Wir kennen im vorgeschichtlichen Europa seit der Steinzeit zwei Hirsearten, die deutsche Rispen=hirse und die italienische Kolbenhirse. Verzeichnet man auf einer Karte alle Fundorte vorgeschichtlicher Hirsereste in Europa, soweit sie nach mikroskopischer Untersuchung mit Sicherheit einer der beiden Arten zugeteilt werden konnten, so zeigt sich, daß die Donau=linie die Grenze zwischen nördlicher deutscher und süd=licher italienischer Hirse darstellt und daß in der Schweiz zwar beide Arten nebeneinander vorkommen, die deutsche Hirse hier aber das ältere Hei=matrecht besitzt, da sie schon in der Steinzeit er=scheint, die italienische dagegen erst seit der Bronzezeit. Die neueste Pflanzenforschung neigt nun dazu, den Ursprung der italienischen Kolbenhirse im westlichen Mittelmeergebiete zu suchen, wahrscheinlich mit Recht. Die deutsche Rispenhirse dagegen soll beileibe nicht in Mitteleuropa, etwa im nördlichen Österreich oder in der Schweiz zuerst in Anbau genommen worden sein. Ein solcher Gedanke liegt unserer zünftigen Forschung ganz fern. Viel lieber erhofft man für die Zukunft neue Fundorte in Ostrußland oder Mittelasien. Natürlich kämen nur Steinzeitfunde in Betracht. Solche aber in jenen Gegenden zu erwarten, wäre in den Augen des Archäologen eine recht wenig aussichtsvolle Sache, wie ich in wenigen Worten zeigen kann.

In der Steinzeit bekam das europäische Rußland seine ersten ackerbautreibenden Siedler durch Auswanderung der hochstehenden indogermanischen Bevölkerung Norddeutschlands dorthin. Dieses Glück wurde aber nur dem südwestlichen Teile des alten Rußland zuteil, d. h. Polen und dem unter dem Namen Ukraine zusammengefaßten Gebiet, also Wolhynien, Podolien, dem Westteil des Dnieprgebiet bis nach Kijew hin. Und zwar geschah diese Auswanderung aus Norddeutschland in drei Zügen hintereinander, die wohl ein Jahrtausend lang etwa 3000—2000 v. Chr. gedauert haben.

Alles russische Land östlich und nördlich des von dieser norddeutschen Einwanderung betroffenen Gebietes war in der Steinzeit nur spärlich besiedelt und zwar von einer reinen Jäger- und Fischerbevölkerung, die keinen Ackerbau kannte. Wie sollte nun eine derartig rückständige Bevölkerung die Vermittlerin eines solchen Kulturgutes, wie es eine Ackerbaupflanze ist, aus Asien her nach Mitteleuropa haben sein können? Das erscheint doch als bare Unmöglichkeit.

Um auf die Römer noch einmal ganz kurz zurückzukommen, so lehrt auch die S p r a c h w i s s e n s c h a f t, daß die germanischen Namen der Getreidearten uraltes, meist schon indogermanisches Sprachgut gewesen sind und daß kein einziger dieser Namen durch die Germanen von den Römern her entlehnt worden ist, weil eben die Römer den Germanen keine neuen Getreidearten zu bieten vermochten.

Wir müssen hier vielmehr den Spieß umdrehen und feststellen, daß H a f e r u n d R o g g e n den Römern unbekannt waren und von ihnen erst aus dem Gebiete nördlich der Alpen entlehnt wurden, wo sie in Mitteleuropa bereits zur jüngeren Bronzezeit nachweisbar sind, also noch vor der Gründung Roms.

Ebenso liegen die Dinge auf dem technischen Gebiete des Ackerbaues. Kein indogermanisches Einzelvolk kann sich an Reichtum alter Bezeichnungen für Einzelheiten des Pflugbaues mit den Germanen messen. Alle Einzelvölker besaßen wohl seit indogermanischer Urzeit, d. h. seit der jüngeren Steinzeit, den Hakenpflug: alte vorgeschichtliche Funde solcher Hakenpflüge kennen wir bis jetzt freilich nur aus germanischem Gebiete. Der Hakenpflug kratzt oder reißt die Furche nur auf. Die Germanen kannten jedoch bei ihrer Berührung mit den Römern schon den weit vollkommeneren schweren Räderpflug, dessen breite zweischneidige Schar den Acker nicht nur furcht, sondern die Scholle zugleich umwendet. Und ein solcher Pflug ist nur auf altbebautem Ackerboden anwendbar. Die Römer besaßen den Räderpflug damals noch nicht, wie wir durch Plinius wissen. Man sieht: die wahre Wissenschaft kommt hier zu ganz anderen Ergebnissen, als die in Vorurteilen befangenen Meinungen unserer „klassischen" Geschichtsforscher.

Wie aber steht's mit der Obstzucht? Da ist es eine wissenschaftlich anerkannte Meinung, alle edlen und zahmen Obstarten verdankten die Germanen den Römern, sie selbst aber hätten, wie Tacitus sagt, als tägliche Kost neben frischem Wildbret und dicker Milch in erster Reihe wildwachsende Waldfrüchte gegessen, also Holzäpfel, Schlehen, Eicheln, Bucheckern und dergl.

Der vorzüglichste und tiefdringendste aller bisherigen Erklärer der Germania des Tacitus, Karl Müllenhoff, sagte dazu: „solche Nahrung werden unsere Vorfahren lieber ihren Schweinen überlassen haben." Sie werden sich vielmehr an Milch und Käse, Brot und Haferbrei, Wildbret und Haustierfleisch, Hülsenfrüchte und Möhren, Rüben, Kürbis, Mohn und Lauch gehalten haben. So wie Tacitus, konnte sich nur ein Südländer äußern, der unter Waldfrüchten vor allem auch die nahrhaften Feigen und Eßkastanien verstand, außerdem noch jemand, der wie Tacitus geradezu darauf ausging, bei den Germanen Zustände urzeitlich-idyllischer Einfachheit zu schildern, ohne je bei einem Germanen in Deutschland zu Tische gewesen zu sein.

Die Römer haben, als sie am Rhein sich festsetzten, dort freilich veredelte Kirschen, Pflaumen, Pfirsiche, Eßkastanien und Maulbeeren gezogen. Aber eine gewaltige Kulturarbeit hatten sie auf diesem Gebiete wirklich nicht hinter sich, denn sie hatten diese Obst- und Fruchtbäume erst kurz zuvor, etwa ums Jahr 50 vor Chr., von ihren Eroberungen im östlichen Mittelmeergebiet her, aus Griechenland und Kleinasien mitgebracht. Sie wären also für die Germanen gewissermaßen nur die Gepäckträger gewesen, die ihnen diese Dinge geholt hätten — wenn die Germanen danach verlangt hätten!

Aber die Germanen verschmähten ja, wie wir vorher gehört haben, römische Kulturgaben, weil sie ihrer gar nicht bedurften. Erst als die Franken im römischen Gallien sich niederzulassen anfingen, also seit dem 5. Jahrhundert nach Chr., haben sie und die Aleman-

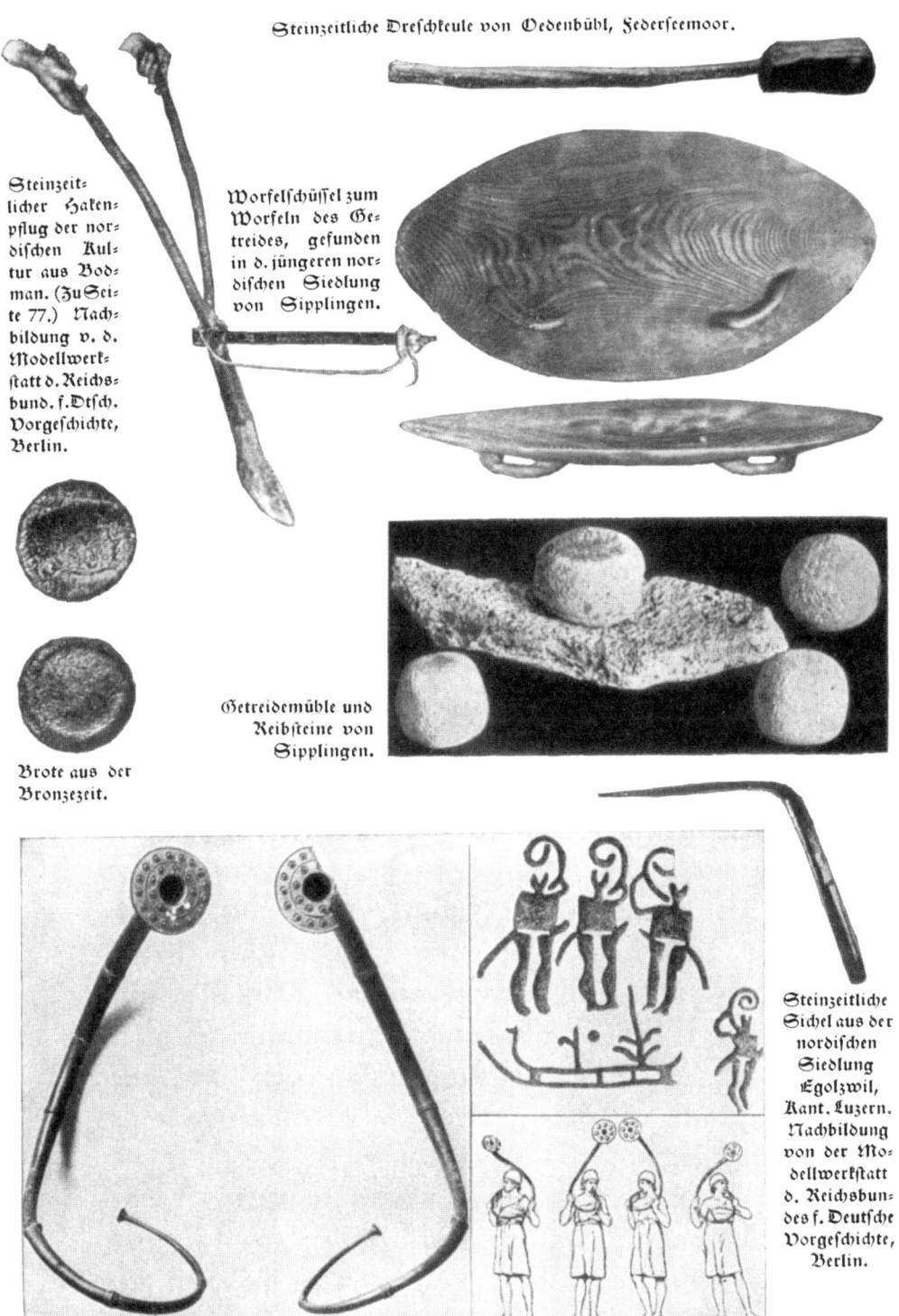

Steinzeitliche Dreschkeule von Oedenbühl, Federseemoor.

Steinzeitlicher Hakenpflug der nordischen Kultur aus Bodman. (Zu Seite 77.) Nachbildung v. d. Modellwerkstatt d. Reichsbund. f. Dtsch. Vorgeschichte, Berlin.

Worfelschüssel zum Worfeln des Getreides, gefunden in d. jüngeren nordischen Siedlung von Sipplingen.

Brote aus der Bronzezeit.

Getreidemühle und Reibsteine von Sipplingen.

Steinzeitliche Sichel aus der nordischen Siedlung Egolzwil, Kant. Luzern. Nachbildung von der Modellwerkstatt d. Reichsbundes f. Deutsche Vorgeschichte, Berlin.

Blashörner der germanischen Bronzezeit vom Ende des 2. Jahrtausends v. Chr., die besser als alles andere die technische Vollkommenheit des germanischen Bronzegusses sinnfällig vor Augen führen. Links: die Luren von Daberkow (Museum Berlin), rechts: Felsbilder aus Südschweden, 4 Lurenbläser darstellend, darunter: dieselben Lurenbläser modern umgezeichnet in bronzezeitlicher Tracht.

Die Tracht der Bronzezeit nach
Funden aus den Eichenfärgen
(16. Jahrh. v. Chr.). (Zu S. 86)

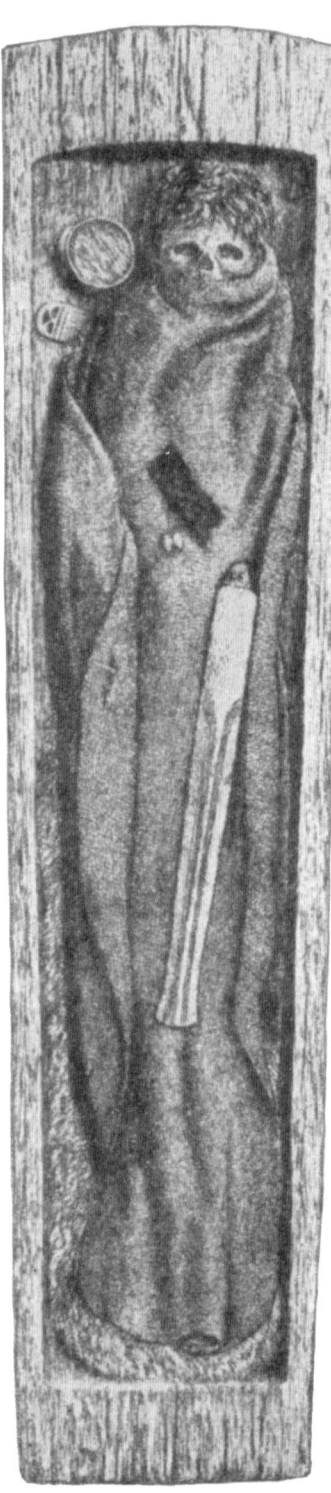

Apfel aus einem Eichen=
farg aus der Zeit um
1300 v. Chr. (Zu S. 81)

Mantel aus der älteren
Bronzezeit von Gerum
(Västergötland), mit
hell= und dunkelgelben
Rauten gemustert. (Zu
S. 85)

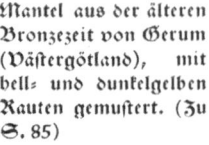

Geöffneter Eichenfarg aus dem Grab=
hügel von Muldbjerg. (Zu S. 85)

nen, ebenso die Sachsen, Angeln und Jüten nach Ausweis der Lehnworte Pflaume, Pfirsich, Kastanie dieses Edelobst selbst gepflegt. Im allergrößten Teile Deutschlands wurde die eigentliche Obstzucht freilich erst durch die Zisterzienserklöster begründet. Zu Zeiten des Tacitus aber hatten die Germanen, abgesehen von wilden Kirschenarten, wilden Birnen, Pflaumen, Nüssen und dem Beerenobst vollkommen Genüge an ihrem alteinheimischen Apfel.

Doch auch den Apfel haben die Sprachforscher bis vor kurzem unseren Ahnen nicht als uraltes Eigen gegönnt. Der „Apfel" sollte die aus dem obstreichen Orte Abella in Süditalien stammende Frucht sein. Man hat nun aber erkannt, daß nach den Lautgesetzen der urgermanischen Sprache das alte Wort „Apfel" in diesem Falle mindestens noch vor dem Jahre 1000 vor Chr., wahrscheinlich sogar um 2000 vor Chr., zu den Germanen gekommen sein müßte. Das ist aber unmöglich, weil es damals den Ort Abella und seine hochentwickelte Obstzucht noch gar nicht gegeben hat.

Tatsache aber ist, daß schon die Nordleute der Steinzeit also spätestens des 3. Jahrtausends vor Chr., ihre Äpfel genossen haben, und zwar nicht bloß die kleinen Wildäpfel, sondern sie hatten schon eine größere Art gezogen. Das zeigen uns nicht bloß die Schweizer Pfahlbauten, sondern ebenso ein im Jahre 1908 entdeckter und seitdem in jahrzehntelanger Forschungsarbeit sorgsamst ausgebeuteter schwedischer Pfahlbau der Steinzeit. Hier kamen Proben beider Apfelarten, der kleinen wie der großen, in gedörrtem Zustande zutage.

★

8. Viehzucht der Germanen

Und nicht anders steht es mit der Viehzucht, die ebenso wie der Ackerbau schon eine Errungenschaft des späteren Teiles der jüngeren Steinzeit war, vielleicht etwas jünger als der Ackerbau. Schaf, Ziege, Schwein, Rind, Pferd sind damals aus den einheimischen Wildrassen gezähmt worden. Vom edelsten der Haustiere, dem Pferde, wissen wir es jetzt aufs bestimmteste, daß es der vorderasiatischen Welt und ihrem Mittelpunkte Babylon so lange unbekannt war, bis es die aus Europa dorthin abgewanderten Ostindogermanen, die Arier oder Indoiraner, dem Zwischenstromlande im 18. Jahrhundert vor Chr. als Kulturgeschenk brachten, und von hier aus ist es später erst westwärts weiter nach Ägypten und in die kretisch-mykenische Kulturwelt gelangt. Nirgends in Europa aber findet sich das gezähmte Pferd früher und zahlreicher und nirgends auch sicherer als tatsächliches Haustier, nicht etwa bloß als erlegtes Wildpferd bezeugt, denn in Mitteleuropa und Südschweden, nämlich schon für die Steinzeit. Am Harz bei Halberstadt und in Nordböhmen bei Tschernosek a. d. Elbe sind zudem Knebel einer Pferdetrense aus Hirschgeweih in steinzeitlichen Wohnstätten entdeckt worden. An der südschwedischen Küste bei Trelleborg hat man Reste eines Pferdeschädels ge-

funden, worin die abgebrochene Hälfte eines der herr=
lichen nordischen Feuersteindolche steckte. Und zwar
befindet sich der Dolch gerade in der Mitte der Stirn=
naht des Schädels, ohne die geringste Knochensplitte=
rung bewirkt zu haben. Er ist also von kundiger Hand
durch einen einzigen kunstgerechten Keulenschlag ins
Hirn des Tieres getrieben worden, wobei er mitten
durchbrach. Der eingedrungene Dolch hatte natürlich
den sofortigen Tod des Tieres herbeigeführt. Dieses
Pferd ist also nicht auf der Jagd erlegt worden — in
Schweden hat es auch, anders als bei uns, Wildpferde
nie gegeben —, s o n d e r n e s i s t a l s H a u s t i e r
g e s c h l a c h t e t w o r d e n : es handelt sich also um ein
germanisches Pferdeopfer aus der Steinzeit.

★

9. Webekunst und Tracht der Germanen

Daß man schon während der Steinzeit in Mitteleuropa die Kunst verstand, die Wolle des
Schafes und den Flachs mittels der Spindel
zu Fäden zu spinnen und das gesponnene Garn
als senkrechte Kette am Webstuhl mittels Ton-
gewichten gespannt zu halten, um die waagerechten
Einschlagfäden durch die Kette zu leiten, und so ein
Gewebe herzustellen und daraus wiederum Kleider
anzufertigen, dürfte zu bekannt sein, als daß man dabei
länger zu verweilen brauchte. Gewebt wurde nur auf
dem senkrechten, noch nicht auf dem waagrechten Webstuhl, so daß also nur verhältnismäßig kurze Gewebe-
stücke erzielt wurden. Nicht nur in den alten indogermanischen Sprachen, sondern auch noch im Mittelalter
sind die Bezeichnungen für den Webstuhl, den Aufzug
des Gewebes und für den Weber selbst vielfach von
der Wortwurzel sta „stehen" gebildet, weil eben der
Webende stehend vor dem aufrecht stehenden Webe-
gestelle arbeitet. Unser Wort Web„stuhl" deutet noch
heute auf diese urzeitliche Einrichtung hin. Spulen
und Spinnwirtel aus Ton, ebenso Webege-
wichte aus Ton sind in steinzeitlichen Wohnstätten
Mitteleuropas überaus zahlreich entdeckt worden.

Welchen Schnitt die einzelnen Kleidungsstücke
in der Steinzeit Mitteleuropas hatten, darüber wissen
wir, was männliche Kleidung angeht, im Grunde gar

nichts. Von der weiblichen Tracht der Steinzeit geben wenigstens einige Vorstellung jene tönernen Idole, Abbilder einer weiblichen Gottheit, die zwar meist in nackter Gestalt, zuweilen aber auch bekleidet dargestellt wird. Die Tongestalten aus den Pfahlbauten am Laibacher Moor in Krain, die einer überwiegend nordischen Kultur, also einem überwiegend nordisch gearteten Volksstamm angehören, zeigen, welche reich gestickte Gewänder vornehme Frauen der Steinzeit zu tragen pflegten.

Außerordentliche Gunst der Umstände hat uns aber tiefste Einblicke in die germanische Tracht der älteren Bronzezeit, um 1500 vor Chr., gewährt. Dies danken wir der im westlichen Ostseegebiet damals üblichen Bestattungsart in eichenen Baumsärgen. Durch die aus dem Eichenholz entwickelte Gerbsäure wurden nicht nur gerade die leicht zerstörbaren Teile der Leichen, wie Kopfhaar und selbst Hirn, sondern auch ihre Bekleidung und Schutzhülle für die Bestattung wunderbar erhalten.

Besonders ist das bei einigen solchen Baumsärgen von der alten deutsch-dänischen Grenze in Jütland und Nordschleswig der Fall.

Die Mannestracht zeigt am besten ein unter einem mächtigen Schutzdeckel geborgener Baumsarg aus Muldbjerg. Darin befand sich eine Rindshaut, die einst die Leiche umgab, darüber die in Wollkleidung gehüllte Leiche, ein Skelett von 1,90 m Länge. Dazu gehören: Mütze, Mantel nebst zwei bronzenen Mantelnadeln, ärmelloses Hemd mit Schulterbändern, die durch zwei bronzene Spitzknöpfe verziert sind, also eine Art Schurz, der durch einen Gürtel mit hölzernem oder bronzenem Doppelknopf zusammengehalten wird. Im rechten Arme lag das schöne Bronzeschwert in Holzscheide. Die Füße sind mit wollenen Lappen bekleidet.

Bei den weiblichen Baumsargleichen ist allerdings meist nur der Schmuck erhalten. So bei einer seeländischen. Dazu gehört ein breiter längsgerippter Bronzehalskragen mit herrlicher eingeputzter Spiralenverzierung, eine ebenso verzierte Bronzegürtelplatte nebst vier kleinen Zierbuckelchen, ein Perlenarmband am linken Oberarm, das aus Bronzespiraldrahtröhrchen, Bernsteinperlen und einer dunkelblauen Glasperle besteht. Der völlig vergangene Rock war unterhalb des Gürtels mit einem Bande feiner Wollfransen benäht, deren Enden in Bronzehülsen steckten. Endlich fand sich hier noch ein Bronzedolch in Holzscheide, eine Waffe, die in der Ausstattung der vornehmen Frau der älteren Bronzezeit nur selten fehlt.

Die eigentliche Kleidung der Frau zeigte sich vollständig in einem jütländischen Baumsarge, deren Leiche wiederum in eine Rindshaut gebettet war. Am Haupte fand sich ein feingeflochtenes Haarnetz; die ganze übrige Kleidung war gewebt, so die aus einem einzigen Zeugstück geschnittene kurze Ärmeljacke, deren Hauptnaht in der Rückenmitte senkrecht läuft, während sonst nur noch die Unterseiten der Ärmel Nähte aufweisen. Der aus einem einzigen Webestücke bestehende faltenreiche Rock reichte bis auf die Knöchel herab und wurde an der Hüfte durch einen

Bandstreifen zusammengehalten, der von einem mehrfarbigen, äußerst feingearbeiteten Quastengür= tel überdeckt war. Das Haar war mit einem Horn= kamm aufgesteckt und ruhte im Netze. Den Hals schmückte ein dünner, gedrehter Bronzering, die Unterarme je ein Bronzearmband; den Gürtel= knoten deckte eine große reichverzierte Bronze= scheibe mit Mittelspitze nebst zwei kleinen Seiten= platten. Im Gürtel steckte der Dolch mit Horn= griff und schön verzierter Bronzeknaufplatte; an den Fingern befanden sich zwei Bronzespiralen.

*

10. Gefäßkunst der Steinzeit Mitteleuropas

Der bekannte Stilforscher Gottfried Semper sagt: „Die vorgeschichtlichen (fossilen) Töpfe sind die ältesten und beredtesten Zeugnisse (Dokumente) der Geschichte. Man zeige die Töpfe, die ein Volk hervorbrachte, und es läßt sich im allgemeinen sagen, welcher Art es war, und auf welcher Stufe der Bildung es sich befand." Dies Wort Sempers hat für keine Zeit und für kein Gebiet so offenkundige und durchschlagende Geltung, als für die Steinzeit der indogermanischen Stämme Nord-, Mittel- und Südosteuropas. Aus jahrzehntelanger Erforschung der dort aufgedeckten Steinzeitkulturen, insonderheit der so hochstehenden, Süd- und Westeuropa weit überragenden Gefäßkunst, ergab sich mir die Erkenntnis, daß die Urindogermanen des Ostseegebietes zuerst Norddeutschland und von hier aus Mittel- und Süddeutschland, schließlich ganz Mitteleuropa eroberten, indem sie hier die Fremdstämmigen teils unterwarfen, teils verdrängten. Erst beim Übergang von der Stein- zur Bronzezeit, also um 2000 vor Chr., gewannen die nordischen Indogermanen den Eintritt in die südlichen Halbinseln Griechenlands und Italiens und brachten auch hier ihre Sprache zur Herrschaft. Vorher in der Steinzeit finden wir in Italien eine recht tiefstehende Zivilisation. Und ebensowenig kann sich das steinzeitliche Frankreich oder gar England mit dem damaligen Mitteleuropa nur entfernt messen.

*

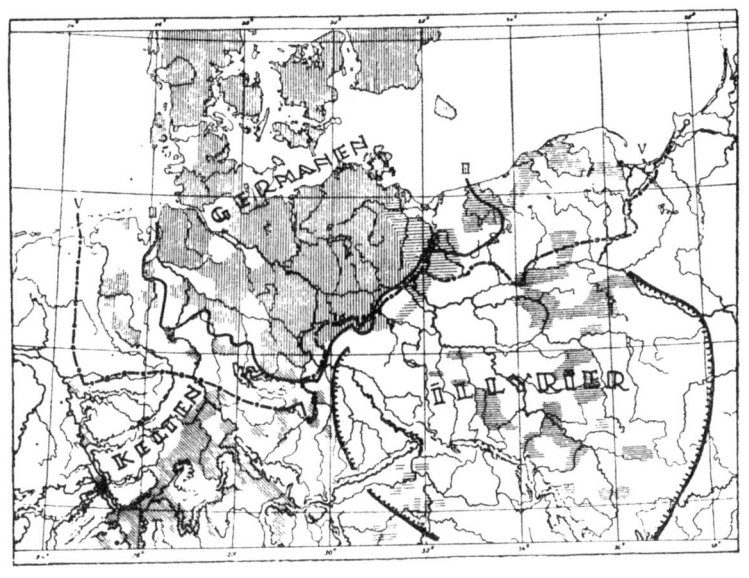

Das Germanenge-
biet der Bronzezeit
(1800—750 v. Chr.)
Durch die grundlegenden
Forschungen G. Kossinnas
(„Urſprung und Verbrei-
tung der Germanen" Ver-
lag Curt Kabitzſch, Leipzig
1928, 2. Aufl. 1934) iſt es
an Hand der Bodenfunde
gelungen, das Wohnge-
biet der Germanen nach
rückwärts bis in die
Bronzezeit zu verfolgen.
Das ſenkrecht geſtrichelte
Gebiet gibt den Sied-
lungsraum der Germanen
während der zweiten
Periode der Bronzezeit
(1750—1400) an, die fette
Linie III die Grenze
während der Periode 3,
die Strichpunktlinie V

gibt den Gewinn in der Zeit zwiſchen 1000 und 750 v. Chr. wieder. Im Südweſten Deutſchlands wohnten
keltiſche, im Oſten Deutſchlands illyriſche Stämme.

Germaniſche Rennwagen der Bronzezeit

Unter den germaniſchen Felszeichnungen in Südſchweden
ſind vielfach verſchiedene Wagenformen dargeſtellt. Rechts
Wagenauffahrten, bei denen ſich 3 Wagentypen unterſchei-
den laſſen. Der Rennwagen iſt kennzeichnend für die Kulturhöhe der germaniſchen Bronzezeit.

Solche Rennwagen europäiſcher Herkunft hat man ſogar
in Ägypten gefunden. — Der Wagen hierneben ſtammt
aus einem Pharaonengrab des 14. Jahrhunderts v. Chr.

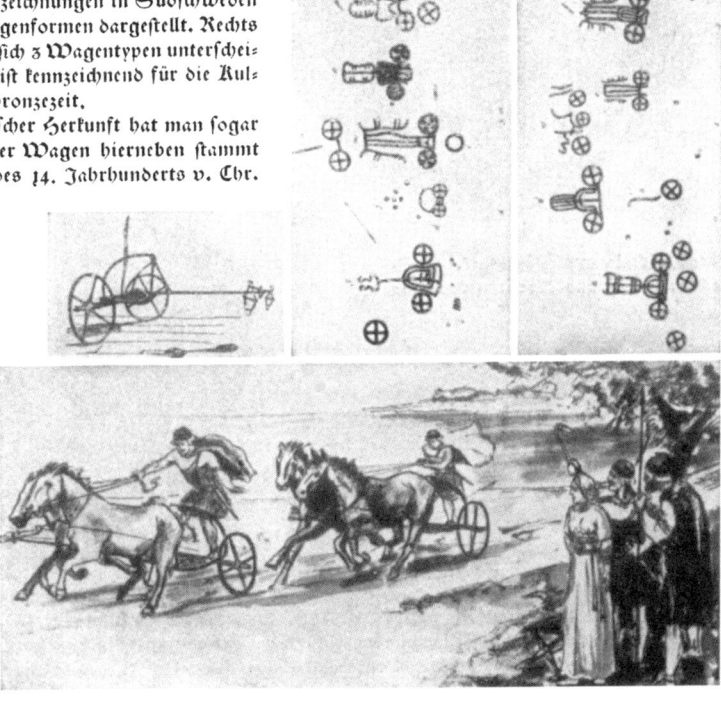

Da er aus Buche, Eſche
und Ulme gefertigt iſt
und die Bindungen an
den Speichen aus Birken-
baſt ſind, mit Birkenteer
verklebt, ſo muß er aus
dem Norden fertig nach
Ägypten gebracht wor-
den ſein.

Mit dem Wagenbau
Hand in Hand ging die
Pferdezucht, deren Anfang
in der nordiſchen Stein-
zeit liegt. Das Pferd ſpielt
im Kult eine große Rolle,
und auch Wagenrennen
fanden bei Kultfeſten ſtatt,
wie das Bild zeigt, um
das beſte Pferd für das
Opfer auszuleſen. (Zu
S. 82)

Gefäße der sogenannten mitteldeutschen Schnurkeramik der jüngeren Steinzeit, einer nordischen Kulturgruppe, deren Träger Indogermanen waren und aus deren Verschmelzung mit den Megalith-Gräber-Leuten sich die Germanen entwickelten. (Landesanstalt für Volkheitskunde, Halle/S.) (Zu S. 88)

Oben: Schale aus Dänemark.
Rechts: Gefäß aus Nordwestdeutschland.

Nordische Gefäße des 3. Jahrtausends. An der Gefäßform und ihrer Verzierung läßt sich bereits das ausgeprägte nordische Stilempfinden feststellen: Betonung der organischen Funktion der Gefäßteile durch strenge Unterstreichung mit Ornamenten, im Gegensatz zu den spielerischen, ohne Rücksicht auf den Gefäßorganismus verzierten Gefäßen des Südens. Die geschmackvollen Stücke werfen ein bezeichnendes Licht auf die altnordische Kulturhöhe. (Zu S. 88)

Schluß

Man muß die Ausbreitung der Indogermanen von Nord= und Mitteleuropa aus über Italien, Griechenland, Südosteuropa und Vorderasien die erste nordische Völkerwanderung nennen. Zwei und einhalb Jahrtausende später, um 400 nach Chr., während der eigentlichen germanischen Völkerwanderung, eroberten Germanen Nord= und Mitteleuropas zwar nicht mehr Vorderasien, aber wenigstens noch ganz Europa. Nach abermals andert= halb Jahrtausenden stand Mitteleuropa von neuem im Kampfe mit der ganzen Welt. Und die Besten und Treuesten unseres Volkes erhofften als Frucht dieses Weltkrieges einen neuen mächtigen Aufschwung mitteleuropäischer, d. h. deutscher Macht= und Kulturausbreitung, zwar nicht mehr über ganz Europa, aber wiederum in der Richtung auf Süd= osteuropa bis nach dem fernen Vorderasien hin.

Ich sagte: Deutsche Kulturausbreitung! Wir haben gesehen, daß es in unserem Lande zur Indo= germanenzeit wie zur Germanenzeit hohe Kultur gegeben hat, lange vor aller Berührung mit den Süd= völkern. Ebensowenig wie die Kulturen unserer Alt= vordern bedarf aber die deutsche Kultur zu ihrem gedeihlichen Fortgang der Krücken fremder Kul= turen, sei es der Süd= oder der Westvölker. Seit Karl dem Großen ist aber die deutsche Kultur leider nur zu oft in der schlimmen Lage gewesen oder von unheilvollen Führern dahin gebracht worden, durch überstarken f r e m d e n E i n f l u ß zu verkümmern. Die Durchsetzung deutschen Geistes mit fremden Bestand= teilen bis zu seiner Verfälschung machte ihn aber stets unfähig, Großes zu erzeugen und dadurch die Welt= kultur zu bereichern. Das ist nur möglich, wenn er künftig nur aus dem ureigenen Besitz neue Werte schafft, das bereits aufgenommene Fremde aber ent= weder wieder abstößt oder es vollkommen in seine eigene Wesensart umarbeitet, wie es die Griechen in ihrer Frühzeit wie in ihrer Nachblüte mit den starken orientalischen Einflüssen, die auf sie eindrangen, ge= macht haben, ebenso aber auch, wie wir sahen, die Goten Südrußlands in einer für uns vorbildlichen Weise. Vor allem ist es notwendig, daß der Deutsche sich seines eigenen Wertes, der Kulturschöpfungen seiner Vorväter und der gesamten nordischen Rasse be= wußt wird. Kennt er sie, — wieviele tun es? — so wird er von berechtigtem Stolz erfüllt, gefestigt seinem Volke dienen können. So ist die deutsche V o r g e s c h i c h t e — e i n e w a h r h a f t n a t i o n a l e W i s s e n s c h a f t.

*

Verzeichnis der Tafeln mit Quellennachweis

Inhalt

Gustaf Kossinna
und sein Lebenswerk

Es bleibt das große Verdienst Gustaf Kossinnas, durch Begründung und Ausbau der „siedlungs‐archäologischen Methode" die germanische Urgeschichte zum Range einer geschichtlichen Wissenschaft erhoben zu haben. Mit aller Klarheit erkannte er schon vor Jahrzehnten den ungeheuren Quellenwert der Bodenaltertümer für die älteste Geschichte des germanischen Volkstums und verstand es, diese wichtige Erkenntnis mit aller wünschenswerten Schärfe in rastloser, planmäßiger Arbeit durchzusetzen. Damit schuf er die sicheren methodischen Grundlagen dafür, daß das vor‐ und frühgeschichtliche Germanentum in seiner Eigenständigkeit und seinem kulturellen Hochstand gegen‐über anderen Kulturen sich klar erkennen und abgrenzen läßt und daß andererseits die Jahrtausende germanischer Urzeit aus dem geschichtslosen Dämmerzustand auf die Plattform der klar überschaubaren „geschichtlichen" Er‐eignisse erhoben wurden. Auf diesem sicheren Boden wurde es erst möglich, die Volkstums‐, Rassen‐ und Geistesgeschichte des altgermanischen Menschen aufzubauen.

Weitere Titel

Von wenigen Ausnahmen abgesehen sind die großen germanischen Herrschergestalten viel zu wenig beachtet worden. Der Historiker Kurt Pastenaci macht in dieser erstmals 1939 erschienenen Untersuchung deutlich, was wir Deutschen unseren germanischen Vorfahren zu verdanken haben: die Befreiung vom römischen Joch dem Cherusker Arminius, den Besitz Süddeutschlands den Sueben, die Sicherung der Donau den Markomannen, die Bewahrung des germanischen Einflusses in Ostdeutschland, insbesondere in Schlesien, den Wandalen. So erschließt sich ein Zeitraum von der Vor- und Frühgeschichte über die Völkerwanderung bis ins Mittelalter, in dem wir Deutschen auf eine geschlossene Reihe überragender germanischer Führerpersönlichkeiten blicken können.
80 S., viele Karten, Pb. im Großformat, € 12,80

Germanische Feste und Bräuche im Jahresring: Wer kennt sie noch? Nach 1945 scheint es politisch nicht mehr opportun, die Deutschen mit dem Erbe ihrer Ahnen bekanntzumachen. Doch ein Volk ohne Wissen über seine Herkunft ist orientierungslos. Der „Arbeitskreis Deutsche Mythologie" hat es sich zur Aufgabe gemacht, alte Weisheit dem Vergessen zu entreißen. Diese Schrift, 1941 erstmals erschienen, führt weit und tief zurück in das Bewußtsein unserer nordeuropäischen Vorfahren. Woran glaubten sie? Welche Botschaft haben sie uns hinterlassen? Hinter dieser Schrift steht wissenschaftliche Erkenntnis über die Wurzeln eines Brauchtums, das in erheblichem Umfang noch immer fortwirkt.
128 S., s/w. Abb., Pb. im Großformat, € 14,80

Dieses Buch war eine der ersten allgemeinverständlichen Schriften, die sich frei gemacht haben von den Runendeutungen durch Guido von List, Lanz von Liebenfels, Gorsleben, Kummer u.a. Seine Schrift markiert einen erheblichen Schritt nach vorne in der Forschung. Es spricht für die Qualität der Arbeit Webers, daß sein Buch inzwischen nicht veraltet ist. In vielen Dingen ist die Forschung auch heute noch nicht weiter als damals. Zu bewundern ist, in welcher Breite Weber seinen Stoff angegangen ist und wie er umfassend unsere ursprüngliche Schrift und unsere ursprünglichen Heilszeichen, die unter Androhung der Todesstrafe durch das Christentum ausgerottet worden waren, uns wieder nahebringt.
128 S., viele s/w. Abb., Pb. im Großformat, € 14,80

ORION-HEIMREITER **VERLAG**
Postfach 3667 • D-24035 Kiel